APERÇU

HISTORIQUE

SUR LA

FACULTÉ DE DROIT

DE L'UNIVERSITÉ DE TOULOUSE

Maîtres et Escoliers

DE L'AN 1228 A 1900

PAR

ANTONIN DELOUME
Professeur à la Faculté de Droit,
Secrétaire perpétuel de l'Académie de Législation,
Correspondant du Ministère (Comité Historique et Scientifique),
Lauréat de l'Institut.

TOULOUSE
EDOUARD PRIVAT, LIBRAIRE-ÉDITEUR
45, RUE DES TOURNEURS, 45

1900

FACULTÉ DE DROIT DE TOULOUSE

1228-1900

OUVRAGES DU MÊME AUTEUR :

— **Principes généraux du Droit international en matière criminelle**, 1882, in-8°, THORIN, éditeur, Paris.

— **Les Manieurs d'argent à Rome sous la République**, ouvrage couronné par l'Académie française (concours Thérouanne) et par l'Académie des Sciences morales et politiques, de l'Institut (concours Le Dissez de Pénanrun), 1890, 1re édition, THORIN, éditeur. — 2e édition, 1892, FONTEMOING, rue rue Le-Goff, 4, Paris.

— **Vue de Toulouse au XVIe siècle.** Les Capitouls. — E. PRIVAT libraire, 45, rue des Tourneurs, Toulouse.

APERÇU

HISTORIQUE

SUR LA

FACULTÉ DE DROIT

DE L'UNIVERSITÉ DE TOULOUSE

Maîtres et Escoliers

DE L'AN 1228 A 1900

PAR

ANTONIN DELOUME
Professeur à la Faculté de Droit,
Secrétaire perpétuel de l'Académie de Législation,
Correspondant du Ministère (Comité Historique et Scientifique),
Lauréat de l'Institut.

TOULOUSE
EDOUARD PRIVAT, LIBRAIRE-ÉDITEUR
45, RUE DES TOURNEURS, 45

1900

AVANT-PROPOS

Cet aperçu historique nous a été demande pour figurer, comme document, à la Section de l'Enseignement supérieur de l'Exposition universelle de 1900.

Nous le présentons au public comme un hommage rendu à l'antique Faculté de Droit, dont l'histoire honore hautement notre Cité Toulousaine.

Mai 1900.

APERÇU HISTORIQUE

SUR

LA FACULTÉ DE DROIT

DE L'UNIVERSITÉ DE TOULOUSE

L'histoire de notre Faculté se rattache, plus étroitement qu'on ne pourrait le croire tout d'abord, aux grands événements politiques de notre pays et aux progrès de la civilisation, même au delà de nos frontières, du côté de l'Italie, surtout. Vue de plus près, elle semble, par cela même, tout naturellement se diviser en quatre périodes très distinctes.

— Dans la première période, le Moyen Age, c'est la puissance religieuse des Papes s'exerçant en France, à côté du pouvoir royal qui s'éveille et résiste bientôt.

— Dans la deuxième, la Renaissance, la pensée et l'enseignement courent à l'indépendance; ils atteignent leur apogée et s'égarent parfois jusqu'à la passion révoltée.

— Mais peu à peu le pouvoir royal, que Louis XIV personnifie, règlemente, dirige, s'impose; c'est la troisième période, la période du Parlement et du Roi, qui se termine tout à coup par les bouleversements violents de la Révolution.

— La quatrième période, enfin, est celle de notre siècle, de ce dix-neuvième siècle qui s'achève et dont la gloire la plus indiscutée et la plus pure s'affirme par les progrès inattendus et vraiment merveilleux de la science.

Dans nos Facultés de Droit actuelles, elle se signale par l'extension incessante des études nouvelles de sciences politiques et sociales, par leur spécialisation féconde et par le groupement en Universités puissantes.

— L'avenir reste avec ses *desiderata* indéfinis que l'on nous permettra de signaler, à notre point de vue, sur quelques questions d'actualité.

*
* *

Le passé curieux de notre Université, et spécialement celui de notre Faculté de Droit, ont suscité de nombreux et très savants travaux. Les documents originaux des époques lointaines sont encore, tous les jours, l'objet d'incessantes découvertes et de judicieux commentaires.

Notre tâche n'est pas d'entrer, ici, dans les innombrables détails qui se multiplient sous la main habile des chercheurs, à Rome, à Paris et à Toulouse. Nous devons nous borner à indiquer les sources où l'on trouverait, au besoin, des renseignements suggestifs ou intéressants et nous efforcer surtout de présenter l'ensemble, la suite naturelle et l'esprit des faits accomplis par nos devanciers (1).

***

Nous aurions voulu ne pas empiéter sur ce qui concerne l'Université de Toulouse, dans sa marche générale, pour nous cantonner sur notre domaine propre

(1) On peut consulter notamment, dans l'ouvrage de M. Marcel Fournier, *Histoire de la science du droit en France*, t. III, p. 209, le chapitre III : L'Université de Toulouse du treizième au quinzième siècle, où se trouve une bibliographie très détaillée de la matière. Savigny a écrit quelques lignes intéressantes rapportées au texte, dans son histoire du Droit romain au Moyen Age. Nous signalerons nous même, en note, les nombreux travaux communiqués à nos Académies toulousaines, particulièrement à l'Académie de législation et à l'Académie des sciences, inscriptions et belles lettres de Toulouse. Le Père Denifle à Rome et M. Marcel Fournier à Paris, ont mis au jour de nombreux documents où l'on peut abondamment puiser. On peut voir spécialement les *statuts et privilèges des Universités françaises depuis leur fondation jusqu'en 1789*, publiés par M. Marcel Fournier. Paris, Larose et Forcel, 1890, t. I, pp. 437 à 880 ; Université de Toulouse aux treizième, quatorzième et quinzième siècles, et *Die universitaten des mittelalter bis 1400, von P. Heinrich Denifle*, pages 325 à 340. Berlin, 1885. A partir du seizième siècle les archives et bibliothèques de Toulouse nous fournissent des renseignements de plus en plus nombreux et précis, auxquels on a souvent recours, dans les études faites sur place, et qui se compléteront sans doute, par l'ouverture au public lettré, des précieuses archives notariales de la région.

J'ai fait imprimer moi-même, en 1890, mais sans le faire éditer ni publier, à cause de son caractère trop hâtif, le tableau du personnel de la Faculté de Droit. C'est un travail de circonstance surtout, qui fut exposé aux fêtes du centenaire de l'Université de Montpellier, peu de temps après. Malgré les recherches et le travail que m'a coûté cette étude, pour les premiers siècles, on y trouvera des lacunes faciles à diminuer, depuis les publications récentes que j'indiquais plus haut. J'espère pouvoir compléter ce travail, tout à l'honneur de notre antique et toujours très vivante Faculté de Droit.

de la Faculté; mais cela nous sera quelquefois très difficile, pour deux raisons. La première, c'est que certains détails spéciaux ne peuvent s'expliquer que par la connaissance exacte des faits d'ensemble. La seconde, c'est qu'aux grandes époques de notre histoire universitaire, c'est à la Faculté de Droit et par elle, à peu près exclusivement, que s'accomplissaient les mouvements caractéristiques et les actes que nous aurons à mettre en relief. Aux époques les plus mouvementées du Moyen Age et de la Renaissance, l'histoire de l'Université de Toulouse n'est, en réalité, que celle de la Faculté de Droit.

Ainsi, c'est évidemment en vue des seuls légistes, que M. Hanotaux écrivait naguère (1) ces lignes qui nous sont précieuses et que nous pourrions donner comme épigraphe à cette étude: « Des hauteurs de l'Auvergne, du Velay, du Quercy, de la Guyenne, de la Navarre, de l'Espagne, l'élite de la jeunesse se rendait vers son Université. Ils recueillaient sur les lèvres des professeurs le suc de la tradition romaine et scolastique; ils y séchaient au feu d'une doctrine âpre et autoritaire qui faisait de tous ces Gascons les plus redoutables serviteurs de l'autorité royale ».

« Dès longtemps, on disait de l'Université de Toulouse qu'elle était l'école des plus grands magistrats et des premiers hommes d'Etat, et le proverbe répétait à son tour :

« Paris pour voir,
« Lyon pour avoir,
« Bordeaux pour dispendre
« Et Toulouse pour apprendre ».

(1) Tableau de la France en 1614, page 22. Paris 1898. Didot, éditeur.

On pourra apprécier, par la suite de notre étude, tout ce que contiennent de vérité exacte ces paroles colorées et savantes, sur les deux premières périodes de notre histoire (1).

CHAPITRE PREMIER

Les origines. — Le Moyen Age — Puissance religieuse de la papauté. — Le Clergé séculier et régulier à la Faculté de Droit canonique et civil. — Rois de France : Philippe le Bel et les légistes de l'Ecole de Toulouse.

L'enseignement du Droit remonte certainement à la plus haute antiquité dans notre ville. Sous l'Empire Romain, pendant le règne de Gratien, au quatrième siècle, Ausone célèbre la haute culture de Toulouse qu'il appelle la cité Palladienne (2).

On constate l'enseignement de plusieurs professeurs de Toulouse, sous les rois Wisigoths, au quatrième siècle.

Au dire de Sidoine Apollinaire, Léon de Narbonne, un des Wisigoths les plus distingués par le talent, avait professé à Arles sur la Loi des XII Tables, mieux, dit Sidoine, que ne l'aurait fait le décemvir Appius Claudius; et c'est à Toulouse, sous Euric, que fut rédigée, principalement par lui, la loi Romaine des Wisigoths (3).

(1) Les *professeurs de Droit romain* se nomment dans le langage ancien, *Legum doctores* (Légistes); — Les *professeurs de Droit canonique*, *Decretorum doctores* (Décretistes).

(2) Voir Toulouse-Capitale, par M. E. Roschach, dans la *Revue des Pyrénées*, t. VIII, p. 201.

(3) Œuvres de Sidoine Apollinaire, *Carmen XXIII* et l'introduction historique par Eugène Baret, p. 72. Thorin, éditeur, Paris,

Nous avons démontré, ailleurs, que la science, comme la pratique des institutions de Rome, s'étaient perpétuées, à travers les siècles, dans notre cité, jusqu'au Moyen Age et bien au delà (1).

C'est au treizième siècle seulement que doit commencer notre étude actuelle, car c'est alors que l'Université de Toulouse est fondée et que se constitue officiellement la Faculté de Droit.

*
* *

Par le traité de Paris de 1228-29, la création de l'Université fut imposée à Raymond VII, comte de Toulouse, pour assurer moralement et intellectuellement les résultats de la défaite des Albigeois.

C'est ainsi qu'à Toulouse même, saint Dominique avait déjà combattu leurs doctrines, par sa prédication et par ses actes, pendant qu'une guerre barbare dévastait encore le pays.

La bulle d'établissement fut rendue par le Pape

1872; voir aussi BENECH, *Les Wisigoths et les Etudes à Toulouse.* — Lecture faite à l'Académie des Jeux-Floraux, le 1er décembre 1854. Tiré à part, imprimerie Bonnal et Gibrac. Toulouse, 1855 « Les noms propres et les travaux ont péri dans l'abime des temps, y est-il dit. En fait de travaux, à peine voit-on surnager ceux d'un grammairien de Toulouse, connu sous le pseudonyme de *Virgilius Maro*..... Mais des faits irrécusables attestent que les écoles de Droit de Toulouse étaient très prospères et s'étaient élevées à un niveau supérieur à... celles de Narbonne, d'Arles et plus tard à celle de Clermont où l'on enseigna spécialement le Code Théodosien. » *Loc. cit*, p 28 et 29. — Voir à l'appui, Ch. Giraud : *Hist. du Droit romain au moyen âge*, t. I, p. 254. Guizot, *Hist. de la civilisation en France*, leçon 10. Haenel, introd. à la *Lex romana Wisigothorum.*

(1) *Vue de Toulouse au seizième siècle. Les Capitouls.* Privat, libraire-éditeur de l'Université. Toulouse, 189.).

Grégoire IX en 1233; une autre bulle d'Innocent IV la confirma et l'enseignement du Droit qui doit seul nous occuper, fonctionna officiellement bientôt après.

« Toulouse a toujours eu une Faculté de Droit romain, a écrit le grand romaniste de Savigny et l'on ne voit nulle part qu'elle ait été instituée postérieurement à la fondation de l'Université. » Il ajoute en note : « Après avoir nommé les théologiens et les décrétistes, la bulle (de 1245) porte : « De physicis « autem, et artistis *et aliis* cancellarius bona fide pro- « mittet examinare magistros. Ces mots *et aliis* ne « peuvent désigner que les légistes (1) ».

*
* *

Le traité de 1228 fut fait au nom de Louis IX, pour lequel Blanche de Castille régnait en réalité, à ce moment, car celui qui devait être l'un des plus grands, parmi nos rois, saint Louis, était encore un enfant sous la tutelle de sa mère (2).

Mais Blanche de Castille, au dire des écrivains les moins suspects de partialité, était une femme de sens et d'esprit pratique; elle voulut achever par la persua-

(1) SAVIGNY, *Histoire du Droit romain au Moyen Age*. Traduction Guenoux. Paris. 1839, t. III. p. 291.

(2) Voici l'article de ce traité qui nous intéresse particulièrement :

« Item quatuor millia marcharum deputabuntur ab ipso Raimundo duobus magistris theologiæ, duobus decretistis, sex magistris liberalium artium, et duobus magistris grammaticis regentibus Tolosæ, quæ dividentur hoc modo : singuli magistrorum theologiæ habebuntsingulis annis quinquaginta marchas usque ad decennium; similiter annuatim uterque magistrorum decretorum habebunt triginta marchas usque ad decennium, singuli magistri artium habebunt viginti marchas usque ad decennium. »

sion, ce qui avait été déjà fait par la diplomatie et la force des armes : l'unification de la patrie. L'œuvre royale était soutenue par la poussée religieuse : (*ad heresim fortius confutandam*), que l'on sut mettre à profit dans le traité politique.

La fondation de l'Université ne fut donc pas un acte de fanatisme ou d'intolérance, comme on l'a quelquefois fait entendre ; ce fut, certes, une œuvre de haute politique, de propagande française parfaitement loyale et habile (1). Les événements ne tardèrent pas à le prouver, avant même l'achèvement du siècle, au profit de l'autorité des rois et contre l'influence des papes.

(1) L'ordre dans lequel a été très méthodiquement réglé le traité est tout à fait conforme à notre interprétation, ou tout au moins contraire à l'interprétation trop exclusivement religieuse que nous discutons.

Le traité parle, en effet, des procédés qui seront employés pour combattre l'hérésie et les énumère soigneusement ; c'est là, d'après l'opinion que nous trouvons trop absolue, que devrait se trouver la promesse d'organiser l Université

Il n'en est pas ainsi ; après avoir examiné les moyens de combattre l'hérésie, on passe aux moyens d'établir la paix : « Item servabimus et servari faciemus pacem in terra quam nos et nostri tenebimus..... » Puis on règle longuement des questions de juridiction, de réparation de dommages faits par la guerre, puis après tout cela vient l'engagement relatif à l'Université et puis le règlement des liens de famille à créer et la fixation des territoires et des frontières, etc. On voit bien que la fondation de l'Université n'est pas une arme de guerre exclusivement religieuse et qu'elle se rattache à des intérêts d'ordre plus étendu et plus général, suivant notre interprétation. Les prédications des moines de l'époque ont pu présenter les choses autrement, mais c'est dans le traité lui-même qu'il faut chercher son esprit.

Observons, d'ailleurs, que contre deux décrétistes et deux théologiens, il y a huit professeurs de lettres ou d'arts libéraux.

Voir *Histoire littéraire de la France*, ouvrage commencé par des religieux bénédictins de la congrégation de Saint-Maur et continuée par des membres de l Institut. (Académie des Inscriptions et Belles-Lettres, Paris, 1852, t. XXII, p. 88.)

Plût au ciel que l'humanité n'eût jamais connu, ni avant ni après cette époque, d'autres procédés de persuasion ou de contrainte, dans le domaine de la pensée religieuse et morale.

C'est ce qui nous porte à croire, comme Savigny, que la Théologie ne fut pas seule enseignée dès le début, mais que le Droit canon et surtout le Droit civil, qui entrait plus directement dans le domaine de la politique, du droit pratique et des mœurs, firent, à peu près simultanément, leur apparition (1).

***

Le mode de recrutement des premiers professeurs est bien dans le sens de cette idée d'unité nationale. C'est de l'Université de Paris que l'on fit venir les premiers maîtres, pour la nôtre.

Il ne manquait certes pas de théologiens ni de canonistes dans le Midi ; à Toulouse surtout, où saint Dominique venait de fonder une puissante Ecole. Pourquoi donc aller les chercher ailleurs ?

Les civilistes étaient, eux aussi, en renom depuis des siècles, dans ce pays du Droit romain.

Déjà, il est vrai, en 1217, Honorius III avait de-

(1) L'abbé de Granselve et le légat du Pape ne réglèrent pas plus spécialement la question de l'Université que les autres questions du traité. L'abbé de Granselve était le négociateur pour le comte de Toulouse auprès du légat, qui représentait le Pape pour toutes ces négociations.

Voir les articles préliminaires de la paix entre le roi saint Louis et le comte de Toulouse. *Histoire du Languedoc*, t. VIII, p 878 et le traité lui-même à la suite.

L'Histoire littéraire de la France, *loc. cit.*, donne de nombreux détails sur les premiers temps de l'Université, qui n'ont rien de spécial à la Faculté de Droit, mais qui méritent d'être signalés.

mandé à l'Université de Paris d'envoyer des maîtres à Toulouse. Mais indépendamment de la pensée pontificale, on peut voir, dans cet appel au centre de la nation, pour appliquer le traité fait avec le roi, la même préoccupation sagement poursuivie jusque dans ses détails. C'était évidemment, plus encore que la pensée de Rome, la pensée de Paris et du roi, qui s'affirmait ainsi. On s'efforçait de répandre, du centre à la circonférence, les mêmes traditions, le même souffle pacificateur et bienfaisant de sentiments, d'opinions, de pratiques et de tendances françaises, jusqu'aux extrémités les plus récemment rattachées au royaume.

*
* *

Dans cette durée de trois siècles, qui constitue pour nous le Moyen Age, notre enseignement juridique se caractérise par une lutte incessante d'influence, entre les Papes de Rome ou d'Avignon, et les rois de France, avec des alternatives de calme ou de succès marqués, dans l'un ou l'autre sens.

Les Papes exerçaient leur pouvoir, soit directement dans leurs incessantes bulles, et, sur les rapports qui leur étaient adressés des diocèses, dans les *Rotuli*, soit par des mandataires spéciaux, soit par l'intermédiaire des évêques, des archevêques, des chanceliers, soit encore par le rôle actif que remplissaient, dans l'enseignement de l'Université, les membres des ordres religieux.

La Papauté se préoccupait bien plus des Facultés de Droit que de celles de Médecine ou même des Arts, à raison de la nature de l'enseignement juridique, qui intéressait non moins le spirituel que le temporel, dans les questions religieuses ou morales.

A Toulouse, de plus, la Faculté de Droit ne tarda pas à se développer aux dépens des autres Facultés, comme le fit à Montpellier la Faculté de médecine.

*
* *

Il ne faut pas s'étonner, d'ailleurs, de cette ingérence des Papes dans ces questions d'éducation et d'instruction publique. On sait bien que depuis longtemps l'Eglise seule avait eu les forces nécessaires pour nous aider à sortir de la barbarie des mœurs féodales.

Au réveil de la pensée humaine et dé l'ordre politique dans le monde civilisé, c'est par l'action universelle, incessante, de la Papauté, des évêques, du clergé régulier et séculier dans les villes et les campagnes, des chapelains dans les châteaux féodaux, que surgirent toutes les nouvelles manifestations de l'art, de la science et des lettres.

Les cathédrales merveilleuses révélèrent les élans de l'âme vers l'idéal chrétien ; les grandes abbayes et les monastères nous transmirent, par le travail accompli silencieusement dans les cloîtres artistiques et pieux, les traditions et les chefs d'œuvre de l'antiquité grecque et romaine. C'est de là que nous vinrent surtout nos professeurs de Droit canon.

Jusqu'alors les fiers barons bardés de fer n'avaient guère connu d'autre autorité que celle de la croix qu'ils avaient mise sur leur poitrine; ils n'avaient accepté dans leurs manoirs fortifiés d'autre morale et d'autre parole que celle de l'Evangile.

Ils ne tardèrent pas à envoyer, à nos Facultés de Droit, leurs fils à côté de ceux de la bourgeoisie, qui grandissait autour d'eux dans les villes. Le clergé les y conviait. Ils sentaient eux-mêmes la nécessité de s'assurer une part de cette influence des esprits supérieurs, qui commençait à s'affirmer dans les cours des souverains et dans les Parlements du royaume.

C'est un fait constaté à Toulouse, dans le personnel des étudiants, dès cette époque ; nous l'établirons par des noms illustres.

Le Droit romain était celui de la pratique ; c'est lui qui devait grandir, à la Faculté de droit, aux dépens du Droit canonique, du Droit des décrétistes.

***

Comment se constituèrent, dès l'abord, ces enseignements ? On n'est pas absolument d'accord sur ce point. Mais si l'absence des détails sur les premières années ne permet que des conjectures, très probables d'ailleurs, il est du moins une époque très rapprochée des débuts où le doute n'est plus possible.

La théologie et le Droit canon figurent en première ligne. En fut-il de même du Droit romain ? Telle est la question intéressante, surtout, à cause de la proscription longtemps maintenue du Droit romain à la Faculté de Droit de Paris.

On ne s'est pas contenté de l'argument un peu vague de M. de Savigny, nous le comprenons fort bien.

On a fait valoir d'abord un document plutôt curieux en lui-même que complètement décisif, mais que nous ne saurions passer sous silence.

Il est bien connu, d'ailleurs, de tous ceux qui ont pu jeter un simple coup d'œil sur nos origines. Nous n'y prendrons que ce qui concerne le Droit romain.

C'est une *circulaire,* un prospectus ou une réclame, dirions-nous aujourd'hui, que les professeurs, dès 1229, adressaient au monde entier pour appeler, de partout, des élèves au nouveau *Studium*. Parmi d'innombrables motifs d'attraction, on y signale « une terre où semblent, comme jadis, couler le lait et le miel, où les arbres sont couverts de fruits admirables, où Bacchus règne dans les vignes, et Cérès commande aux guérets. » Et revenant soudain de cette pensée païenne, l'auteur s'écrie : *O quam mirabilia sunt omnipotentis dei magnalia !* On pourrait croire que tout cela sent son origine gascone, si l'on ne savait que Jean de Garlande, l'auteur inspiré, sans aucun doute, était un des professeurs envoyés de Paris (1).

Parmi les promesses qui y sont contenues, on trouve ces mots : *Decretiste Justinianum extollunt*. Voilà le Droit romain ; voilà l'argument. Mais ce n'est encore peut-être qu'un fait à venir dont parlerait le prospectus et nous n'insistons pas.

Un autre document, non moins authentique, nous paraît indiquer, au contraire, d'une manière certaine, qu'en 1251 l'enseignement du Droit était déjà, depuis quelque temps, en pleine activité et même en honneur ; ce qui nous ramène, à peu près sûrement, aux premiers jours de l'Université.

A cette date, en effet, le comte Alphonse, frère de saint Louis et comte de Toulouse, comme époux de la

(1) Le texte a été publié dans plusieurs recueils d'Académies toulousaines. Il figure dans les *Statuts et Privilèges*, de M. FOURNIER, Univ. de Toulouse, t. I, p. 439. Voir les observations de M. MARCEL FOURNIER, *L'Eglise et le Droit romain au treizième siècle*, nouv. revue historique, 1890, p. 82. Voir spécialement sur l'origine de cette circulaire, *Hist. littéraire de la France*, *loc. cit.*, t. XXII, p. 88 Poésies latines de Jean de Garlande. La circulaire, en prose, est insérée dans le texte de ces poésies en huit livres, intitulées : *De triomphis Ecclesiæ*. Le manuscrit ancien est au Musée britannique, *op. cit.*, p. 78.

princesse Jeanne, fille unique de Raymond VII, soumit à douze jurisconsultes de Toulouse l'appréciation du testament de son beau-père. Les noms des signataires nous sont parvenus ; le premier, Guido de Regio, prend le titre de *Doctor legum* ; un autre, Giraldus de Andrio signe *Doctor in decretis*. Or, à cette époque, *Doctor* désigne celui qui enseigne ; c'est donc l'existence des deux enseignements, le Droit civil et le Droit canon, en pleine activité, qui nous est sûrement révélée (1).

Au surplus, en 1273, lors de l'institution du premier Parlement de Languedoc qui se tint dans l'abbaye de Sorèze, un sieur de Miramont, professeur de Droit civil, faisait les fonctions de procureur général, d'après la chronique de Bardin.

*
* *

« Nous remarquons aussi, ajoute M. Rodière, que dans l'un des actes de prise en possession du comté, qui eut lieu à Toulouse en 1271, après les signatures des officiers du roi de France, les témoins de la province se trouvent mentionnés dans l'ordre suivant : le Sénéchal de Toulouse, le Viguier, le seigneur *Albani, docteur en Droit civil, « domini Albani doctoris legum »*, puis après, les Consuls ou Capitouls, ce qui semblerait indiquer que les membres de l'Université (ici un professeur de droit), avaient sur les Capitouls une sorte de préséance » (2).

(1) Voir RODIÈRE, *Acad. de législat.*, t. IX, p. 252. Le texte de cette consultation est rapporté, notamment, par Catel, *Histoire des comtes de Toulouse*, p. 383.

(2) RODIÈRE, Les études juridiques à Toulouse. *Rec. Acad. de Législation*, t. IX, p. 245 et suiv.

En 1280, Pierre de Belleperche illustrait ses premiers travaux à notre Faculté, en devenant, soutenu par sa réputation de civiliste, chancelier de France.

Vers la même époque, Guillaume Durand, qui fut professeur et recteur de l'Université, surnommé *Spéculator*, fut choisi comme gouverneur, pour le Pape, de la Romagne et de la Marche d'Ancone.

Bartole rapporte qu'en 1290, Jacques de Revigny (Jacobus de Ravanis) argumenta publiquement avec François Accurse, de passage à Toulouse. Revigny était alors professeur de Droit romain à notre Faculté; il devint ensuite évêque de Verdun (1).

Cet ensemble de faits démontre que les professeurs de la Faculté, les civilistes en particulier, jouissaient déjà d'une grande considération vers le second tiers du treizième siècle.

***

Il est également certain, d'autre part, que la bulle d'Honorius III de 1219, qui avait défendu l'étude du Droit romain à l'Université de Paris, ne fut jamais étendue à celle de Toulouse ; sans doute, le Droit canon avait seul été indiqué dans le traité de Paris de 1229, qui ne parle que de *deux décrétistes*, mais nous avons établi que le Droit romain était, en fait, venu bientôt se joindre au Droit canon ; jamais une protestation ne fut soulevée à cet égard par la Papauté.

Elle se montra, en effet, bien moins sévère pour

(1) BARTOLE, l. I. ch. « De Sententiis quœ pro... » SAVIGNY Gesch de R. R., 2 édit. VII, 37, note K.; RODIÈRE, *Rec. acad. de Législation*, t. IX, p. 254 ; P. DENIFLE, die Universitaten, I, p. 335. Vr cependant, FOURNIER, *Statuts et règl.*, I, p. 453, note 1 ; *Hist. de la science du droit*, loc. cit., p. 223.

l'Université de Toulouse que pour celle de Paris. La circulaire-prospectus de Jean de Garlande, de 1229, disait : « Libros naturales, qui fuerunt Parisiis prohi« biti, potuerunt illic audire qui voluerunt sinum me« dullitus perscrutari. »

Il y a bien plus encore. Les Papes ne se bornèrent pas à autoriser ici l'enseignement du Droit romain, ils le favorisèrent ouvertement, en créant ou en autorisant la création des collèges, où de nombreuses places étaient réservées aux étudiants civilistes pauvres. C'est ainsi qu'Innocent VI, en 1359, créait le collège de Saint-Martial pour dix étudiants en Droit canon et dix en Droit civil (1).

***

M. Marcel Fournier, dans un article de critique, discute cette question qui paraît surprenante aujourd'hui, des appréhensions des Papes à l'égard de l'enseignement du Droit romain.

En étudiant un livre de M. l'abbé Périès, intitulé : *La Faculté de Droit dans l'Université de Paris* (2), il constate que l'auteur abandonne enfin cette doctrine qui voulait à toute force que la Papauté et l'Eglise n'aient pas été défavorables au Droit romain, et il rapporte cet intéressant passage de M. l'abbé Périès : « Le rôle du Souverain Pontife était incontestablement d'entraver la diffusion d'une science qui menaçait les intérêts de l'Eglise et pouvait introduire parmi ses mem-

(1) *Statuts et règlem.*, M. FOURNIER, t. I, p. 571.

(2) M. FOURNIER, compte rendu critique, *Nouv. revue historique*, 1891, p. 133. Voir aussi DIGART, *La Papauté et l'étude du Droit romain au XIIIe siècle*, Bibl. de l'Ecole de Chartes, t. V, p. 38.

bres des causes de chisme. Toutes les fois que le Droit romain se trouvera en opposition avec le Droit divin, ou qu'il favorisera l'absolutisme impérial, l'Eglise devra le combattre; elle l'admettra, au contraire, le protègera et le complètera, quand il lui fournira des éléments civilisateurs ou même purement littéraires ou scientifiques... Les Papes agissaient suivant ces principes. Etouffer le mouvement juridique qui se produisait en Italie et qui était conforme aux habitudes, à la législation générale de ce peuple, à leur esprit national, était chose impossible ; les Papes agirent plus sagement en s'en emparant pour le diriger eux-mêmes. »

C'est ce qu'ils comptèrent obtenir plus facilement à Toulouse qu'à Paris.

Le très savant Père Denifle reconnaît qu'on ne voulait pas que la théologie fût troublée par le contact de sciences inférieures.

*
* *

L'enseignement du Droit romain avait été accueilli partout, avec très grand empressement. Il donnait satisfaction à des désirs naturels de connaître les principes de Droit ou de politique qui n'étaient pas encore discutés ailleurs.

Il y avait là, d'autre part, au-dessous des empereurs, une aristocratie si réduite, que c'était, pour ces temps féodaux, presque le spectacle enivrant des perspectives égalitaires.

Dans ces temps où on lisait très peu et où l'on ne parlait guère que dans les chaires de l'église, cet enseignement nouveau avait des éléments de succès qui

2

n'existent plus au même degré lorsque l'on écrit ou bien l'on parle de tout et partout.

*
* *

Or, les juristes, très imbus de l'esprit de leur enseignement quotidien, ne se trouvaient que très logiques en voulant attribuer aux rois seuls l'autorité sur le territoire Français. Leur Droit était celui de l'Empire, celui de Justinien ; *quod Principi placuit.*

Même, parfois, sans parti pris d'hostilité religieuse, ils étaient portés à discuter les ingérences quelconque d'autrui, y compris celle des papes, dans le gouvernement de la nation.

Les papes le sentirent bien et les événements leur donnèrent bientôt raison.

*
* *

On se plaignait déjà des légistes à la Cour de Rome, avant la fin du treizième siècle.

M. Bardoux a écrit (1) : « La doctrine des premiers légistes se concentrait sur trois points : l'affranchissement de l'individu, l'égalité dans la famille, la libération progressive de la terre. »

M. Hanotaux les a jugés avec moins de discrétion : « A la fois hommes de science et hommes de pratique, nous dit-il, ils empruntèrent au Droit romain le type de hiérarchie et de discipline qui avait produit dans la famille la puissance paternelle ; dans la Société, le despotisme impérial. Venus du Midi,

(1) *Les légistes, leur influence dans la Société française.* Paris, 1877, p. 21.

élèves des Universités italiennes, ils gagnèrent le Nord par des étapes successives qui sont : Montpellier, Toulouse, Poitiers et Bourges Ils apprirent aux Feudistes français les doctrines méridionales. » (1).

Roger Bacon était autrement sévère, en se plaçant à un point de vue spécial. Il avait séjourné à Paris, il adressait au Pape, à la fin du treizième siècle, une véritable dénonciation contre les légistes : « non solum « destruit studium sapientie, sed omnia regna perversi « juriste... per fraudes et dolos sic occupaverunt pre- « latos et principes et fere omnia munera et beneficia « accipiunt. »

Bacon parlait des légistes du Nord ; aurait-il pu, à son époque, parler ainsi des légistes de notre école?

Il faut le reconnaître, avant la fin de ce même siècle les légistes de Toulouse avaient pris, à l'égard de la Cour de Rome, une attitude de résistance qui expliquerait sinon les injures, du moins l'animosité dont témoigne le mot de Bacon.

Les démêlés violents auxquels sont attachés les noms de Philippe le Bel et de Boniface VIII, avaient éclaté à peine à un demi-siècle de distance de la fondation de l'Université de Toulouse, et cette université s'était ouvertement déclarée pour le Roi.

Ce sont évidemment les légistes, c'est-à-dire les *legum doctores*, les romanistes, qui décidèrent le mouvement d'ensemble, car c'est contre eux qu'ont été dirigées, dès cette époque, toutes les plaintes et les objurgations souvent répétées, sur le ton que nous venons de faire connaître. Les théologiens et les canonistes, les *decretorum doctores* de l'Ecole firent un appoint pour

(1) *Tableau de la France, etc.*, p. 260.

la majorité, ce qui n'a rien d'étonnant, puisque une partie du clergé français s'était rapprochée du Roi.

Les bulles lancées de Rome sont devenues célèbres dans l'histoire, ce sont notamment les bulles *Clericis laicos* de 1296 et *Ausculta fili* de 1300, etc.

*
* *

Ce serait sortir de notre sujet que de pénétrer sur le terrain de ces luttes politiques ou financières entre le Pape et le Roi. Nous n'y voulons signaler que le rôle de notre Faculté.

On peut dire que les Papes et les Rois avaient rivalisé, jusque-là, en générosité au profit de l'Université toulousaine.

Nous ne donnerons que quelques exemples, nécessaires pour expliquer la conduite de ceux dont nous traçons l'histoire (1).

La bulle confirmative de 1233 avait accordé aux maîtres et écoliers les mêmes privilèges qu'à ceux de l'Université de Paris.

En cette même année, Grégoire IX défendait d'exporter en temps de disette les vivres de Toulouse, afin d'assurer l'existence des membres de l'Université.

En 1245, Innocent IV écrit une lettre aux Comte, Consuls et peuple de Toulouse, pour les remercier de leur bienveillance envers l'Université.

Les Papes favorisent la fondation des collèges pour les étudiants pauvres et ils en fondent eux-mêmes.

En 1296, ils avaient rendu plus de vingt bulles

(1) Voir la suite de ces actes dans le volume des Statuts et Privilèges, *loc. cit.* et à la table, pp. 899 et suiv.

pour assurer aux maîtres et élèves de Toulouse les plus grandes faveurs spirituelles et temporelles.

Philippe le Bel, qui n'était rien moins que désintéressé, voulut entrer dans la même voie, mais par des procédés différents.

En 1292, il écrit pour empêcher que les capitouls emprisonnent, appliquent la torture et jettent de nuit dans la Garonne les clercs justiciables de l'Evêque de Toulouse.

En même temps, il écrit au Sénéchal pour lui défendre d'empêcher l'Evêque de punir les clercs prévenus de crime, même lorsqu'ils auraient quitté leurs habits.

En 1303, il va plus directement au but ; il donne des lettres de créance à deux envoyés auprès des religieux et officiers du diocèse, pour leur expliquer sa querelle avec Boniface VIII et la raison de la réunion d'un prochain concile général.

L'Université se sentit si bien visée dans cet appel, qu'elle s'empressa de répondre par une adhésion formelle. Elle considéra le roi comme défenseur de la foi : *Domino rege tanquam fidei pugile et fidei defensore... appellationi et provocationi D. regis adheremus.*

Nous l'avons déjà dit, ce fut l'Université tout entière qui consentit à cette déclaration accompagnée d'adjurations les plus solennellement religieuses.

Il n'en est pas moins intéressant de constater que l'Université de Paris, d'où les légistes étaient absents, resta fidèle au Pape, tandis que celle de Toulouse, où leur enseignement était prépondérant, au moins par ses succès, se rattachait au pouvoir royal. N'était-ce pas la réalisation, à Toulouse, des périls que la bulle d'Honorius III avait voulu conjurer à Paris ?

*
* *

Il est d'ailleurs une autre circonstance grave qui accentue, dans cette affaire, le rôle des légistes méridionaux. Ces démêlés entre Philippe le Bel et Boniface VIII se terminèrent par un odieux attentat qui a rendu légendaire le nom de Nogaret. On sait l'histoire du gantelet de fer, du soufflet brutal et de la captivité d'Anagni, dont Nogaret et Colonna furent les auteurs et le Pape la victime. Or, Guillaume de Nogaret était un légiste, né à Saint-Félix-de-Caraman, tout près de Toulouse, où il avait fait certainement ses études de Droit civil ; il avait ensuite professé le Droit romain à Montpellier ; il devint chancelier du royaume et, quelques temps après, un autre de Nogaret (Etienne), parent de celui-ci, professeur de Droit civil à Toulouse, était nommé, par Philippe le Bel, conseiller-lai à notre Parlement (1).

De pareils rapprochements s'imposent : c'est le commencement de l'influence autour des Rois de tous ces « Gascons qui furent, suivant la parole de M. Hanotaux, *les plus redoutables* serviteurs de l'autorité royale. »

Ainsi, avant que ne fût achevé ce premier siècle d'existence de l'Université, les légistes se sont déjà soustraits à la direction de Rome.

*
* *

Mais, en 1305, les Papes fixèrent, comme on sait, leur séjour à Avignon ; ils se rapprochaient, par le fait, d'un foyer de résistance sur lequel ils devaient plus facilement avoir les yeux. C'est, en effet, ce qui se fit

(1) *Histoire du Languedoc*, t. X, p 54.

sentir dans la constitution même du personnel, de la Faculté de Droit, et par suite dans ses tendances.

Le revirement fut prompt et complet, mais il ne devait pas durer plus que le séjour des Papes auprès de nous. Le Parlement et le Roi, ne tardèrent pas à reprendre une autorité prédominante et, cette fois, définitive.

*
* *

Entre temps s'était produit un événement qui doit nous arrêter. La Faculté de Droit, vers le commencement du quatorzième siècle, avait rédigé ses statuts; elle devait les renouveler avec les grands statuts de l'Université, en 1314 (15-23 juillet) (1), et les compléter par des réformes partielles et de nouveaux statuts successivement établis, dont nous nous bornons à donner ici jusqu'à la fin du Moyen Age, les grandes lignes.

On sent à Toulouse, comme dans les autres *studia* (2), un mouvement vers l'indépendance. C'est, dit M. Fournier, « l'effort tenté par l'Université pour s'organiser et s'administrer elle-même ».

Mais chacune de ces retouches successives porte la trace d'une lutte entre le recteur et le chancelier, c'est-à-dire entre le pouvoir du clergé et celui de l'Université elle-même (3). En réalité, c'est le clergé qui devait

(1) Ces documents sont rapportés aux statuts et privilèges, *loc. cit.*, pp. 458 et 480.

A la page 458, M. FOURNIER donne, dans une note, des détails sur la publication faite par notre savant archiviste, M. BAUDOUIN.

(2) *Histoire de la science du Droit, loc cit.*, p. 226.

(3) Nous renvoyons aux mêmes ouvrages et aux statuts et privilèges, pour les détails de ces luttes et de ces alternatives des succès en sens divers. Voir aussi la note de M. MOLINIER : *Histoire du Languedoc*, t. VII, p. 570.

l'emporter d'abord. Le séjour des Papes à Avignon devait favoriser ce résultat; jusqu'au moment ou avant même la Renaissance, ils commencent à perdre définitivement le terrain conquis depuis des siècles.

Nous examinerons cette marche des événements, après avoir indiqué le régime qui résulta, pour la Faculté de Droit, de ces divers règlements.

Au point de vue du fond des matières à traiter, les professeurs étaient soumis à des règlements très précis. Leur programme était sévèrement tracé dans les *Puncta taxata*. On leur fixait les textes à étudier au Digeste ou Code et le temps à y consacrer. Nous avons les détails les plus précis à cet égard, soit pour le Droit romain soit pour le Droit canon. Les professeurs, docteurs, licenciés et bacheliers devaient prêter serment de rester fidèles à leur programme et à l'esprit du *studium*.

L'Université réglait avec le même soin l'organisation des cours, leur durée et le fonctionnement de chaque Faculté.

Nous indiquons simplement, en passant, qu'à la tête de l'Université était le recteur, renouvelé chaque trois mois et pris successivement parmi les légistes, les canonistes, les logiciens et les grammairiens. Le recteur était assisté d'un conseil où les étudiants furent toujours représentés.

Dans les premiers temps, les professeurs étaient nommés par les Papes ou par les chanceliers, sauf à la Faculté de Théologie où ils se recrutaient par cooptation (1). Ce n'est qu'en 1470 que, par arrêt du Parlement, il fut décidé que les professeurs seraient nommés

(1) *Hist. de la science du Droit*, p. 207. *Contra* MOLINIER, *Hist. du Languedoc, loc. cit.*

par le conseil. Ce fut peut être déjà par une sorte de concours.

***

On distinguait les cours, en cours ordinaires et en cours extraordinaires.

Les cours ordinaires faits par les *doctores regentes* étaient divisés en *puncta taxata,* dont nous avons parlé, et soumis par là à la direction des autorités du *studium* Les docteurs payaient dix sous tournois pour lire *extraordinarie*, cent sous tournois pour lire *ordinarie.*

Seuls les docteurs pouvaient lire *cum oppositis et quesitis,* c'est à-dire répondre à des objections ou à des questions ; seuls ils pouvaient s'opposer à ce qu'un autre enseignement concourût avec le leur. Ils pouvaient, d'ailleurs, se faire remplacer, mais depuis 1314 seulement, par un autre docteur, *per substituta.*

Les bacheliers étaient aussi chargés de faire des cours; ils le devaient pendant un certain temps pour devenir licenciés ou docteurs. Leurs cours étaient réglementés avec soin et surveillés par un docteur. Les paragraphes 21 et 22 des statuts de 1314, spéciaux au Droit, réglaient les sujets de Droit civil qu'ils devaient traiter.

On avait fixé dans les statuts une limite aux cours privés en dehors de l'Université, et l'arrêt du Parlement de Toulouse du 21 juillet 1486 le défendit en principe : « Excepté que aux dits bacheliers et escoliers sera loysible de lire en leurs louges ou es collèges es dites facultés des lois et décrets à ceux tant seulement qui habitent *sub eodem tecto,* en iceux collèges ou lieux privés, pourvu que point ne lisent ès heures quon a accoutumé à lire à escolles publiquement. »

Il y avait aussi dans les statuts des règles sur les procédés de l'enseignement dans les collèges, mais cela sort de notre sujet.

*
* *

On procédait régulièrement, à la Faculté de Droit, à des *disputationes*, c'est-à-dire à des argumentations publiques ; il en est question dans la *taxatio punctotorum* de 1400-1420. Très en faveur d'abord et même imposées deux fois par an aux docteurs, elles tombent en désuétude au quinzième siècle.

Aussi, un arrêt du 13 septembre 1470 du Parlement de Toulouse, ordonne que « chacun des neuf docteurs régents qui sont et seront pour le temps advenir es dites Facultés du droit canon et civil, fera faire chacun ou en ses escolles ou autre lieu..., une répétition publique et solenne en la Faculté en laquelle il sera régent. » L'arrêt fixe ensuite l'ordre et les dates où devront être accomplis ces exercices. En cas de désobéissance, le docteur pouvait être suspendu et, pour la récidive, privé de sa chaire.

Les statuts exigeaient l'emploi du latin, donnaient des détails sur l'ordre des matières et, paraît-il, recommandaient aux étudiants de ne pas prendre des notes : *ne de scriptura hujusmodi confidentes hebetent proprium intellectum.* On n'a plus aujourd'hui des craintes de ce genre.

*
* *

Les grades et les diplômes étaient décernés par le chancelier de l'Université qui était en même temps le chancelier de l'Eglise de Toulouse. C'est par ce fonctionnaire que la papauté d'abord, puis l'archevêque et le clergé conservaient leur influence.

Pour les grades, chaque Faculté avait ses règles spéciales, souvent retouchées d'ailleurs, pendant tout le cours du Moyen Age.

Ce qui était commun à toutes, c'était le serment de fidélité à l'Université que devait prêter les candidats aussi bien que les élèves, à leur entrée dans l'Université. L'usage des fêtes pour les réceptions y était aussi en grand honneur. Les dispositions réglementaires, souvent renouvelées pour en fixer les détails, indiquent les excès de tous genres auxquels ces fêtes donnaient lieu.

Clément V, notamment, défendit de dépasser, pour les fêtes de réception au doctorat, plus de trois mille écus tournois, ce qui représente sept ou huit mille francs de notre monnaie.

Pour être bachelier, il fallait avoir étudié pendant cinq ans en Droit canon et pendant sept ans en Droit civil, acquitter certains droits, et, comme dans toutes les circonstances, prêter serment de fidélité à l'Université.

La collation du grade se faisait simplement par la présentation faite par le docteur surveillant de l'étudiant au chancelier, en déclarant que l'étudiant était capable de lire. Le chancelier n'avait aucun contrôle à exercer sur ce dernier point.

La licence terminait les études et constituait le grade le plus recherché. Le candidat devait avoir lu pendant cinq ans en Droit canon et six ans en Droit civil. Il subissait un *examen privatum* devant les docteurs. Le chancelier, s'il y avait lieu, le déclarait admissible à l'examen solennel. On ne connaît pas les conditions de cet examen avant lequel le chancelier avait dû faire une enquête sur la vie et la conduite du postulant. Cet examen avait probablement disparu lors de la réforme apostolique de 1394, qui avait d'ailleurs diminué les difficultés de la réception.

Le doctorat n'était accordé sans doute qu'après que les licenciés avaient lu, c'est-à-dire enseigné les textes les plus importants. Mais les documents anciens ne nous donnent de détails que sur les fêtes, festins, cadeaux et serments à prêter à l'occasion de la collation de ce grade.

L'enseignement était donné par chaque professeur dans des auditoires qu'ils louaient *ad hoc*, et dont les frais étaient faits au moyen des collectes par lesquelles les étudiants rémunéraient leurs maîtres.

La plupart de ces usages et de ces règles se maintinrent pendant toute la durée du Moyen Age, mais on sent, en approchant des temps de la Renaissance, une influence nouvelle se substituer à celle des Papes.

En 1470 notamment, c'est un arrêt du Parlement de Toulouse « réglant le différend entre les docteurs régents de l'Université de Toulouse : appelans du sénéchal de Tholouse ou de son lieutenant, d'une part, et le syndic des étudians en la dite université, appelé, d'autre part. — La court met l'appellation au néant... en tant que touche le sallaire demandé par les dits docteurs aux dits escolliers et le droit des bancquiers. »

Ce règlement nous a paru mériter d'être rapporté ici dans ses principales dispositions.

Dit la court : « Que chacun escollier ou estudiant payera à son docteur régent soubs lequel il orra ses leçons ordinaires 18 sous tournois ;

« Au trésorier pr l'université, usages communs, 20 deniers tournois ;

« Au seigneur du sol de l'ostel, maison ou escolle où il orra les dites leçons, 2 sous 6 deniers tournois.

« En tant que touche les droits demandés par les dits docteurs régents et université et aussi par les bedels d'icelle aux escolliers qu'on fait bacheliers en icelle *en droit civils ou canon* : sera dict que chacun escollier quon fera bachelier en la dicte université en l'un ou l'autre des dicts droits, payera tant seulement au trésorier de la dicte Université, pour et au nom d'icelle, un escu valent 27 sols 6 deniers tournois..... sans en faire distribution au prouffict des dicts docteurs régents... à chacun des deux bedels 5 sous tournois;

« Et défend la court aux chanceliers, recteur et docteurs régents... sur peine d'amende arbitraire que dorénavant ils ne preignent ne exigent de ceux quon fera bacheliers *ès dits droicts* de aucun serment de non prendre ne recevoir le degré de licencié en autre université;

« Et au regard des droits demandés par les dits chanceliers et docteurs régents aux bacheliers voulans et requérant être reçus au degré de licencié *ès dits droits civil et canon*..... sera tenu de payer au docteur qui le présentera. s'il est seul, trois écus;

« Et pour ce que en droit canon y a communément deux docteurs présentants sera tenu de donner à chacun trois écus d'or;

« Et à chacun des docteurs régents qui l'examinera en sa famille deux écus;

« A chacun des deux bedels deux écus;

« Au chancelier quatre écus;

« Au trésorier trois écus qui seront mis en l'arche commune;

« Et affin que les autres docteurs qui ne sont ny régents et résident en la cité assistent plus volontiers à l'examen ou examens des bacheliers qu'on fera ès dites facultés, sera tenu le bachelier qui voudra être licencié bailler à chacun des dits docteurs non régents qui auront été présents à son examen deux livres d'espices ou de confiments et icelles envoier à leur maison. Et en oultre sera tenu le dit bachelier licentiande durant son examen pourvoir aux docteurs présents de dragées, confiments, espices et vins nécessaires sans aucune autre superfluité de cire, torches, dixmes, ne autres dépenses, etc.;

« Et ordonne la court que la chappe d'icelui qui aura été examiné... sera et demeurera au docteur ou docteurs qui l'aura ou l'auront présenté... pourra la racheter en baillant un escu d'or seulement. »

Si les bienséances le permettaient, la gravité de l'examen devait être singulièrement compromise par l'absorption de ces dragées et confitures dont le docteur devait être pourvu, *durant son examen.*

Pour les docteurs, les droits et obligations s'accroissent naturellement :

« Cellui qui voudra et requerra estre doctoré, sera tenu de paier au trésorier la somme de trente escus d'or desquels il en sera mis trois en la dite arche commune. — Et les vingt sept autres seront départis... entre les dits chancelier, régents et bedels, ainsi qu'au temps passé... Et en ce la court n'entend comprendre les droiz que le docteur ou les docteurs présentans le licentiande prennent et lièvent du présenté a cause et pour raison des robe, mantel et chapperon qui pour ce ont accoustumé d'être levés, ains en appointeront et accorderont ensemble comme bon leur semblera. »

*
* *

Le recrutement des professeurs avait été l'objet de toute espèce d'abus. L'arrêt de 1470 y pourvoit et c est là un des points que nous avons le plus d'intérêt à signaler, par ce que c'est l'origine des recrutements par le concours :

« La court voulant pourvoir à ce, a ordonné et ordonne que doresenavant ne seront vendues les dictes chaires et régences. et que icelles vaccans par mort naturelle ou civille, en quelque manière que ce soit, les recteur et docteurs régens et les quatre conseillers et escolliers de la dite Université, assemblez ensemble au lieu où l'on a acoustumé faire telles congrégations et assemblées, esliront et nommeront au lieu ou lieux vaccans aucun ou aucuns les plus ydoines et souffizans qu'ilz sçauront ou cognoestront, selon Dieu et leurs consciences, toute faveur, amour, haine et charnalité cessans ; et seront les dictes chaires et régences, ou chayre et régence, ainsi vaccans, libéralement et sans aucun exaction conférées et données à celuy ou ceulx, qui par les dessus dicts ou la plus grant partie d'iceulx auroient esté esleuz et nommez. Et n'entend par ce la court prohiber ne défendre que aucun docteur régent ès dictes facultez vouloit céder et renoncer à sa chaire et régence, en faveur d'un sien frère, nepveu, parent ou amy qui fut habille, ydoine et souffisant régir, gouverner et exercer la dicte chaire et régence, que faire ne le puisse, pourveu toutesvoyes que celui en faveur duquel auront esté ou sera faicte la dicte cession ou renonciation soit trouvé et approuvé tel par les dicts recteur, docteur régens et quatre conseillers ou la greigneur partie d'iceulx ; et aussi que le docteur régent renuntiant, le faire purement et libéralement sanz en prendre ne exiger aucune chose. »

La dernière disposition de l'arrêt n'est plus spéciale à la Faculté de Droit, mais elle donne la couleur locale de ces mœurs pittoresques qui terminent le Moyen

Age et vont changer de caractère sous l'influence des idées de la Renaissance italienne et française :

« Et enjoint la court aux escolliers d'icelle Université graduez et autres, présens et à venir que doresenavant, ils voisent en incédent en robes longues et honnestes, et portent leur chapperons sans chappeaulx, cornettes, gibbesiers, harnois ne autres difformités d'abitz, et qu'ils facent et exhibent au ditz chancelier, recteur et docteurs régents honneur et révérence, et ce sur peine de prison, et d'estre privez des privilèges de la dicte Université et aussi d'amende arbitraire. »

Tel était l'état des règlements et des usages ; voyons par qui et comment la mise en action était accomplie. En d'autres termes, reprenons la vie active de l'école au commencement du quatorzième siècle, à la date des grands statuts généraux et spéciaux à la Faculté de Droit, où nous nous sommes arrêtés.

***

Nous faisions pressentir qu'à cette époque le séjour des Papes à Avignon avait dû amener des modifications dans le personnel et par là même dans l'esprit de la Faculté; de la main du roi, où elle semblait être passée, l'autorité devait faire un retour vers celle, jadis toute puissante, de la papauté.

De 1305 à 1377, à Avignon, les Papes se sentirent désormais matériellement et politiquement séparés de Bologne. C'est là qu'avait été jusqu'alors la pépinière des savants, des grands dignitaires, des serviteurs d'élite de l'Eglise. Pour y suppléer, les Papes furent portés à s'entourer de centres nouveaux d'études et de controverse scientifique, comme d'une armure pour le combat.

Ils ajoutèrent aux Universités anciennes d'autres Universités.

Mais en éparpillant ces forces, ils s'exposèrent à porter une grave atteinte aux gloires locales du passé.

Clément V avait fondé une Université à Avignon, Jean XXII une autre à Cahors, sa ville natale. Il y eut cinq Universités nouvelles en France dans le cours du quatorzième siècle. Il y en eut une même à Orange qui fut peu suivie. Elle a pourtant duré jusqu'à la Révolution.

A la fin du même siècle, le grand schisme d'Occident vint aggraver encore cet état de choses. Les Papes et les princes fondèrent à l'envi des Universités qui, en partie, ne furent pas viables, mais qui portaient aux autres les plus redoutables contre-coups.

Au quatorzième et au quinzième siècles, il s'établit un *modus vivendi* entre l'Etat et l'Eglise, au point de vue des sciences juridiques; les Papes étaient eux-mêmes des légistes qui ne songèrent plus autant à combattre le Droit romain, en vue de faire triompher la Théologie. Le 18 novembre 1462 on permit aux clercs d'enseigner, à Orléans, le Droit romain (1).

*
* *

Notre Faculté de Droit eut moins à se modifier qu'on n'eût pu le penser. Elle était protégée par ses traditions glorieuses du treizième siècle; sans doute aussi par le pouvoir royal auquel elle avait donné des gages si éclatants de son attachement; mais elle subit comme d'elle même la pente naturelle des choses, si bien que les Papes y recrutèrent un grand nombre

(1) Marcel Fournier, *eod.*, p. 114.

de leurs cardinaux et de leurs grands dignitaires, et la Faculté reprit de nouveau toute son énergie.

Cinq Papes étaient sortis de notre école, soit comme élèves, soit comme professeurs : Clément IV, Jean XXII, Benoit XII, Innocent VI et Urbain V.

Etienne Aubert ou Alberti, docteur en Droit civil, *legum professor*, devenu Pape en 1352, sous le nom d'*Innocent VI*, avait professé à Toulouse en 1335. Il fut le fondateur, en 1359, du collège de Saint-Martial pour vingt étudiants en droit, canonique et civil : dix en droit canonique et dix en droit civil ; n'est-ce pas la réconciliation complète avec les légistes ?

Guillaume Grimoard, docteur en Droit canon et en Théologie, devenu Pape sous le nom d'*Urbain V*, avait étudié et enseigné le Droit canon à Toulouse d'abord, puis à Montpellier, à Paris et à Avignon.

Nous signalerons dans le même sens, comme professant officiellement, en 1290, Novelli Arnaldus, *doctor legum*, légat du Pape en Angleterre en 1312 et cardinal en 1320.

De 1311 à 1314, Pierre de Mortemart, *legum doctor*, cardinal en 1327.

En 1311, Petrus Textoris, *decretorum doctor*, cardinal en 1320.

De 1311 à 1314, Pierre des Prés, *doctor legum*, cardinal en 1320.

De 1311 à 1329, Bernard de Saint-Geniès, *decretorum doctor*, patriarche d'Aquilée.

En 1340, Guillaume de Bragose, *decretorum doctor*, cardinal en 1361.

En 1350, Jean de Cardaillac, *legum doctor*, archevêque de Toulouse en 1376.

De 1350 à 1363, Bernard du Bosquet, *legum doctor*, cardinal en 1368.

En 1366, Amelin de Lautrec, *decretorum professor*, cardinal en 1385.

En 1395, Vital de Castelmoron, *decretorum doctor*, archevêque de Toulouse en 1402.

En 1413, Raymond Mérose, *doct. en Droit canon*, cardinal en 1426.

De 1424 à 1451, Bernard de Rosergues, *Comes legum*, archevêque de Toulouse en 1451.

Un grand nombre d'autres évêques ou archevêques, des grands fonctionnaires et des diplomates donnèrent à notre école de cette époque l'éclat de leurs dignités.

Nous remarquons, non sans intérêt, que sur le nombre de cardinaux, archevêques ou patriarches que nous venons de signaler, les professeurs de Droit romain, les légistes proprement dit, égalent en nombre les canonistes et que l'un des deux Papes, Innocent VI, était romaniste.

Jean XXII, élève de la Faculté de Droit, avait doté Cahors sa ville natale d'une Université, mais il avait comblé celle de Toulouse de ses bienfaits (1).

Ce retour de la prédominance des Papes et du clergé se manifesta aussi dans la teneur et les formules mêmes de leurs actes.

M. Fournier fait remarquer que dans la réforme du *studium*, en 1314, ce n'est plus l'Université que les statuts désignent en tête leurs dispositions, c'est l'archevêque qui prononce, tandis qu'en 1324, c'est Philippe le Bel qui délivre des lettres de sauvegarde au *studium*.

Dès cette époque, le titre de *Comes legum*, Comte ès-

(1) FOURNIER, *Hist. de la science du Droit*, p. 228.

lois, que prenait Bernard de Rosergues, paraît, d'après Bartole, appartenir à ceux qui ont professé le Droit pendant vingt ans. C'est une coutume sanctionnée par les rois. François Ier accentuera même ces faveurs nobilaires.

En 1328, la Faculté de Droit se composait de douze professeurs, six en Droit canon et six en Droit civil. Leurs noms figurent au bas d'une supplique signée aussi par un certain nombre d'étudiants. Or, on peut remarquer parmi ces derniers des noms appartenant à la plus haute noblesse de nos provinces méridionales, Robert de Foix, Raymond d'Astarac, Amelius de Penne, Bertrand du Puy. C'est le moment dont nous avons parlé, où les grands seigneurs de nos pays commencent à ne plus dédaigner le travail des hautes études et consentent à mêler leurs fils à ceux de la bourgeoisie, toujours croissante en force et en nombre.

*
* *

Mais dans ces temps où le pouvoir est disputé partout encore, deux puissances nouvelles apparaissent dans la lutte, pour tenter de soumettre l'Université. Ce sont les capitouls représentant la bourgeoisie, d'une part, et, d'autre part, les Parlements, organes du pouvoir royal.

*
* *

En même temps, le nombre des étudiants devait être considérable, si on en croit les détails d'une terrible affaire qui commença, depuis les Pâques de 1331 ou 1332, par une sentence capitulaire et se continua par trente-six brefs, cinq bulles de Jean XXII et deux bulles de Benoît XII, sans compter les arrêts des Parlements.

On nous permettra de rapporter quelques fragments des récits du temps ; on y verra la physionomie de cette période agitée de notre vie universitaire et municipale. Il s'agit, au dire de Lafaille, d'un étudiant de la Faculté de Droit (1) qui se nommait Aymery Béranger.

« Le soir de Pâques, dit un témoin, lui et ses compagnons dansaient, avec quelques femmes, dans la rue, devant l'hôtel de Masquet ; Messires Bernard Ratier et Olivier de Penne les regardaient du seuil de la porte, Bernard de Gaure est passé, venant des Lices, la rue droite ; deux écuyers l'ont suivi. » Alors, rapporte l'acte d'accusation, les jeunes gens porteurs d'armes prohibées se sont rués sur de Gaure et sa suite ; celui-ci leur dit : « Je suis capitoul de Toulouse et de par le roi je vous arrête ; » Amaury, feignant alors de l'embrasser, lui a passé le bras autour du cou pour entraver ses mouvements et a crié : « ambor, ambor, firetz, firetz, qu'ils meurent », puis a dégainé, ainsi que ses complices ; Aymery Béranger a frappé le capitoul à la face, lui faisant une grave blessure du front au menton... Les assassins ont également frappé et laissé pour mort Arnault de l'Eglise dit Marquet, dépouillé et mis en fuite ses compagnons ; ces attentats tombent sous le coup de la loi *Cornelia de sicariis* et constituent le crime de *lèse majesté.* »

Aymery et quelques-uns de ses compagnons furent saisis le soir même par les capitouls suivis de

(1) Molinier dit que ce n'était qu'un serviteur noble des deux frères de Penne, étudiants en droit. *Hist. du Lang.*, IX, p. 482.

deux cents hommes, et, nonobstant les protestations de l'official, on rasa la chevelure d'Aymery afin qu'il ne parût aucune marque de sa cléricature; ils furent soumis à la question la plus rude et on prononça leur sentence.

Aymery fut condamné à être traîné par la ville à la queue d'un cheval, à avoir le poing coupé devant la maison de François de Gaure, à être traîné ensuite sur une claie aux fourches patibulaires du Château Narbonnais et à y avoir la tête tranchée, le mercredi d'après Pâques. Ce qui fut fait, malgré l'appel qu'il interjeta successivement au viguier de Toulouse, au sénéchal de cette ville et au Parlement. Après l'exécution, la tête et le corps de Béranger furent exposés aux fourches patibulaires.

Cette condamnation était d'autant plus atroce, que ni le capitoul ni son ami n'avaient reçu de blessures mortelles et qu'ils avaient survécu tous les deux. — Double appel au Pape, par l'Université, et au Parlement de Paris par les parents d'Aymery Béranger.

Jean XXII s'empressa de rendre plusieurs bulles contre cette sentence et le Parlement commença des poursuites contre les capitouls, pour abus de pouvoirs.

En 1334, douze capitouls ou notables étaient retenus en prison à Paris et leurs biens confisqués pour répondre des frais du procès. Le Parlement était, lui aussi, terrible à son tour.

La ville, par édit royal, devait perdre toutes ses libertés, cesser de former une communauté; la caisse commune fut immédiatement mise sous la main du roi par les commissaires de Philippe VI. Cette cérémonie eut lieu le 27 octobre 1335.

Mais les choses n'étaient pas encore prêtes pour un écrasement de cette importance.

La ville recouvra toutes ses libertés moyennant le paiement de cinquante mille livres tournois. Seulement, les commissaires royaux réglèrent à nouveau les élections capitulaires.

A la suite, les capitouls allèrent faire satisfaction, aux professeur de l'Université, de l'infraction de ses privilèges, en présence de trois mille écoliers appartenant évidemment en grande majorité à la Faculté de Droit. Le chroniqueur toulousain, Simon Bardin, rapporte qu'il a trouvé ce chiffre inscrit au greffe du Parlement de Paris (1).

***

Cependant les Papes continuaient à intervenir pour réformer les statuts ou accorder des faveurs. Mais c'est surtout de la Faculté de Théologie, de l'ensemble de l'Université ou de l'organisation des collèges qu'ils s'occupent, sans qu'il y ait rien de marquant pour la Faculté de Droit.

En 1378, la Théologie semblait, en effet, avoir repris le premier rang; on comptait cinq professeurs de Théologie, sept de Droit canon et trois seulement de Droit civil.

Savigny signale comme ayant eu, vers le milieu du siècle, une grande renommée dans la science du Droit civil, Guilhaume de Cunho, et vers la fin du même siècle, Jean Corserius, l'auteur des premiers recueils d'arrêts : *Decisiones capellæ Tolosanæ*.

(1) Voir pour les détails et l'indication des documents, Rodière, *op. cit.* Recueil de l'Académie de Législation, t. IX, p. 259. Les statuts et règlements, *loc. cit.*, p. 513 et suiv. et la table, p. 902 et suiv.

Dans cette fin du quatorzième siècle, les Papes semblent avoir voulu faire un dernier effort pour s'assurer la direction de l'Université par l'intermédiaire des chanceliers. Les grandes réformes de 1394-1425 furent toutes dans ce sens. Mais ils ne devaient guère plus avoir bientôt que l'autorité morale inséparable de leur caractère.

*
* *

Ces réformes, il faut le dire, furent l'origine de nombreux abus. On alla pour conférer des grades jusqu'à se dispenser de l'intervention de la Faculté et même du chancelier.

Une bulle de Nicolas V, du 15 mai 1447, donne pouvoir au, Cardinal de Foix, de créer quatre licenciés en Théologie ou en Droit.

Une autre bulle du 4 octobre de la même année, donne pouvoir au Cardinal de Foix de créer douze docteurs en Droit civil ou canon, qui jouiront des mêmes privilèges que ceux de l'Université. Le titre de bachelier fut même accordé de plein droit à certains fonctionnaires et notamment aux capitouls qui ne manquaient pas d'en parer leur nom, s'ils n'avaient pas mieux.

*
* *

Le Parlement allait prendre définitivement le dessus, son influence devint persistante et normale, lorsqu'il fut installé à Toulouse, en 1443, sous Charles VII.

Nous l'avons vu intervenant en maître et traçant le règlement de la Faculté de Droit en particulier, dans l'arrêt de 1470, dont nous avons rapporté le texte ci-dessus. De 1470 à 1515, il renouvela ses règlements et ses injonctions par plusieurs arrêts.

*
* *

Les étudiants paraissent, dans ces dernières années du quinzième siècle, avoir préludé aux agitations et aux excès de tous genres que nous leur verrons réitérer dans le siècle suivant.

En 1426, excités par un personnage de mœurs et d'origine équivoques, le prieur de Saint-Cricq, bâtard de la maison de Foix, partisan des Anglais, les Anglais ou leurs partisans, étudiants à la Faculté de Droit, se livrèrent à de bruyantes manifestations. Les capitouls montrèrent la même dureté qu'en 1331, dans l'affaire d'Aymery Béranger. Le résultat fut le même pour la ville, qui, encore cette fois, fut victime des violences inconsidérées de ses représentants.

Les étudiants avaient dû prendre la fuite, poursuivis l'épée dans les reins, par les hommes d'armes de la ville. Le chancelier de l'Université se plaignit de ces brutalités inutiles.

On ne se hâtait pas de lui rendre justice ; sous son inspiration, le conseil de l'Université, composé de soixante maîtres en théologie et docteurs ès lois, déclara que les cours seraient suspendus pendant cinq mois, jusqu'à ce que justice ait été rendue. On porta la cause devant le Parlement.

Les plaignants de l'Université furent représentés par Bernard de Rosergues, alors professeur de Droit canon et civil, plus tard archevêque de Toulouse, et Raymond de Sérène, également docteur régent. On le voit, c'est encore la Faculté de Droit qui joue le principal rôle.

« Dans la longue liste de ceux qu'ils accusaient, dit M. Antoine du Bourg (1), figuraient les noms les plus

(1) Mémoires de l'Académie des sciences de Toulouse. 1889, p. 358 et s.

illustres et les plus recommandables du Toulousain : des capitouls, des chevaliers qui s'étaient couverts de gloire dans les guerres contre les Anglais, des bourgeois dont les richesses et la considération faisaient l'orgueil de la ville, le capitaine du guet et une foule de sergents de sa troupe, sous la prévention d'avoir tramé une conspiration et soulevé une émeute populaire à main armée contre nos étudiants et enfreint les privilèges de l'Université et la sauvegarde accordée à tous ses suppots. »

On le voit, par la qualité des personnes, c'étaient les rôles renversés. Mais tout le monde se mettait cependant, encore cette fois, contre les capitouls et pour l'Université. On ne trouvait ni avocats, ni procureurs pour procéder contre elle. Le Procureur du roi, dans l'intérêt de l'Université, conclut à ce que les prévenus « coupables du crime de lèse-majesté soient, en outre, condamnés à l'amputation du poignet ou à la fustigation à travers les rues de Toulouse, à avoir la tête tranchée, ou du moins à être exilés pour toujours du royaume et à la confiscation des biens. Il demanda, de plus, que les capitouls aient à faire proclamer immédiatement, à son de trompe, l'invitation aux étudiants de rentrer à Toulouse et le rétablissement pour eux de la sauvegarde royale. »

Le roi paraît avoir agi dans le sens d'une transaction. En définitive, l'année suivante, les capitouls furent condamnés par le Parlement de Paris pour excès de pouvoir, sur la plainte des officiers du roi. Cette fois encore, tout se termina par une forte amende à verser par la ville au trésor royal. C'était en 1427.

*
* *

Mais on n'en avait pas fini avec les bandes d'étudiants armés.

Le 14 novembre 1490, le Parlement, devenu maître désormais, rendit un arrêt pour « enjoindre au recteur et aux professeurs d'empêcher les écoliers de s'assembler en armes, comme ils le faisaient à l'occasion de Pierre de Rosergue, neveu de leur ancien professeur (à la Faculté de droit), Bernard de Rosergue dit du Rosier, à l'archevêché de Toulouse ». Cette fois, c'est dans la cathédrale qu'ils étaient allés porter, en armes, leurs turbulentes manifestations.

***

L'influence directe de l'Eglise continue à s'effacer, pour laisser la place au Parlement, au roi, et parfois à l'Université elle-même, faisant acte d'indépendance.

Charles VII s'institue le protecteur des collèges et plus encore de l'Université. Il intervient même contre les officiers royaux, pour assurer l'exemption des impôts dont ses membres bénéficiaient depuis longtemps. Il institua le viguier de Toulouse gardien et conservateur des privilèges de l'Université.

Il disait, dans ses lettres patentes de 1566 : « L'université de Toulouse a fait toujours l'admiration des nations étrangères, dont les sujets affluent dans son sein. »

Le récit de la visite faite au roi, à son passage à Toulouse, porte ces mots : *Concessit universitati multa pulchra privilegia et libertates quales nunquam habuerat.*

***

Dans le même esprit de concentration des pouvoirs qui le caractérise, Louis XI, par lettres patentes du 7 mars 1461, confirma tous les privilèges de l'Université afin de s'en emparer plus sûrement et de la mettre dans ses intérêts.

***

Pendant les dernières années du quinzième siècle, la Faculté de Droit continua, d'ailleurs, à fournir aux rois des diplomates et des conseillers influents. Il en devait être ainsi longtemps encore.

Denis et Pierre Dumoulin, deux frères, avaient été attachés à la Faculté avant d'être successivement élevés à l'archevêché de Toulouse.

Le premier, Denis Dumoulin, occupa un rôle important dans la diplomatie royale. Charles VII, connaissant sa science et ses talents, l'avait délégué pour négocier le traité d'Arras avec l'Angleterre en 1435; il l'envoya ensuite comme ambassadeur à Genève et en Savoie et obtint pour lui la pourpre romaine.

Pierre, le second frère, après avoir été attaché au chapitre et à la chancellerie de l'Université, fut chargé, avec Jacques Cœur, d'installer, en 1444, le nouveau Parlement. Il reçut du roi d'autres missions difficiles. Devenu archevêque de Toulouse, il fit à la cathédrale de Saint-Etienne, les embellissements qui portent la marque du quinzième siècle. Il cultivait les arts et les lettres. On l'avait pompeusement appelé *poetarum monarcha*.

CHAPITRE II

La Renaissance. — Passage de François Ier à l'Université. — Cujas et Toulouse — Apogée de la science du Droit romain. — Les nations à la Faculté de Droit. — Agitation passionnée de la pensée dans les corps savants et dans les groupes de la jeunesse nombreuse et agissante de l'Ecole de Droit.

On peut dire que François Ier s'appliqua à consacrer, par des fêtes et par la concession d'extraordinaires faveurs, la main mise définitive du roi sur l'Université toulousaine.

Philippe le Bel avait eu, avec lui, les légistes de l'Ecole de Toulouse, très influents dans ses conseils et dévoués à la réalisation de sa politique âpre et dure.

La tradition autoritaire et exclusivement royale allait se continuer chez quelques uns : Le cardinal chancelier Duprat et Grégoire de Toulouse, par exemple. Tandis qu'une pléiade glorieuse se rattachait par la parole, par ses écrits et par la pratique de l'assemblée des Etats, aux progrès de la liberté dans la science et dans la politique nationale.

C'est pour le seizième siècle surtout que l'on peut rappeler dans toute leur énergie les paroles de M. Hanotaux : « Les étudiants recueillaient sur les lèvres des professeurs le suc de la tradition romaine et scolastique; ils y séchaient au feu d'une doctrine âpre et autoritaire qui faisait de tous ces gascons, les plus redoutables serviteurs de l'autorité royale. Dès longtemps on disait de l'Université de Toulouse, qu'elle était « l'Ecole des plus grands magistrats et des pre-« miers hommes d'Etat ».

Elle fut en même temps, et par un singulier contraste, une école de liberté scientifique et d'indépendance, poussée, par quelques agitateurs, jusqu'aux excès criminels.

*
* *

Il faut voir les portraits contemporains des professeurs de ce siècle, que nous avons pu faire figurer dans notre salle du conseil. C'est le masque austère de Martin de Aspilcueta appelé Navarrus, professeur en droit à Toulouse, puis à Salamanque, Coïmbre et Cahors. C'est surtout la tête, en une belle gravure du temps, de Guilhaume de Maran, insérée dans l'in-folio de ses publications, offert par l'un des nôtres à la collection des œuvres de nos devanciers. Rien n'égale la sévérité, la rudesse intelligente et pensive de cette tête ascétique, au niveau de laquelle sont gravés sur le fond, ces mots : *Nihil præter te Domine et nisi propter te.* Au bas, figure un distique qui indique l'importance donnée aux juristes marquants de l'époque. Il dit : *Ingentem figuram* .... et le portrait ne dément pas, par son allure, cette solennité du langage (1).

*
* *

On voit d'ailleurs le Parlement et la faculté, par plusieurs de ses membres, s'unir dans des sentiments, dans des passions mystiques et autoritaires.

Les hautes fonctions de la magistrature et de l'en-

(1) « Ista quis artificem docuit compendia ? Certe
« Angusta ingentem claudit imago virum. »

seignement du Droit s'échangent, en effet, ou se cumulent, jusqu'à Henri IV, entre les mains des mêmes personnages.

En province, ces situations élevées avaient certainement plus de relief et même d'autorité qu'à Paris, à cause de l'éloignement du pouvoir central et du prestige qui en résultait, pour ceux qui étaient, au loin, les représentants de ce pouvoir.

On voit par alternatives ou même simultanément, au Parlement et à la Faculté, de nombreux juristes dont nous pouvons donner quelques noms particulièrement en vue.

Ce sont notamment : Antoine du Solier, conseiller au Parlement ; Michel de Lautremo, lieutenant principal du viguier de Toulouse ; Salvat, juge ordinaire du Falga ; Armand du Vernet, conseiller du roi et juge du Lauragais, au siège de Revel ; Jean de Boyssoné ou du Buisson, conseiller au Parlement ; François d'Antiquamareta, seigneur de Loubers, juge ordinaire royal ; Eustache Imbert, conseiller au sénéchal ; Armand de Ferrières, conseiller au Parlement ; Jean de Coras, conseiller au Parlement ; Antoine Guibert de La Coste ou de Costa, conseiller au Parlement ; André Gallus (Le Coq), conseiller au Parlement ; Pierre de Beloy, conseiller du roy et avocat général au Parlement (1).

***

Au surplus, dans le cours du siècle, les relations entre le Parlement et la Faculté subirent d'assez nombreuses péripéties dont les arrêts portent la trace. On

(1) Voir mon tableau des professeurs qui indique les principales sources de renseignements, sur chacun de ces noms.

peut trouver aux archives du Parlement, des arrêts de 1538, 1545 et 1548 interdisant aux professeurs de plaider et postuler devant le Parlement et réglant les élections et promotions aux régences du Droit civil et canonique.

Le 21 juin 1553, un arrêt du Parlement cassa les lettres patentes du roi Henri II, qui avait promu Martin Rosset, docteur-régent en Droit canon, à une régence de Droit civil, au mépris de l'institution du concours. La décision pouvait être bonne, mais c'était surtout le roi lui-même que les parlementaires voulaient régenter au profit, cette fois, de l'Université.

Un autre arrêt du 5 janvier 1583 relate « l'honneur et satisfaction éprouvés par deux conseillers nommés aux régences vacantes. » Le Parlement règle les conditions du cumul. Il s'agissait, dans l'espèce, des conseillers François de Lagarde et Antoine Guibert de la Coste.

Ce n'est qu'en 1610 que Jean Ouvrier, professeur de Droit civil, ayant été nommé conseiller-lai, le Parlement refusa d'admettre le cumul des deux fonctions

***

Le capitoulat ne cesse pas non plus de se recruter, presque à chaque élection annuelle, dans la Faculté de Droit, comme il l'avait déjà fait aux siècles précédents.

***

Nous avons vu combien étaient batailleuses les mœurs de ces écoliers, auxquels on est sans cesse obligé de défendre de se réunir en armes, ou de venir à leurs auditoires, armés et bottés comme pour les combats. Cela n'empêchait pas leurs fêtes d'être pleines d'entrain et de gaîté. Malgré la discipline des collèges et de l'Université, on était souvent obligé de prendre des mesures pour les rappeler aux convenances et au calme. Faut-il s'étonner de cette animation dans les esprits de la jeunesse, avec ce que nous savons et ce que nous montrerons encore, des âmes passionnées et ardentes de leurs maîtres ?

C'est dans le cours de la période actuelle que nous allons voir se produire les plus dramatiques excès de cet état général de *combativité* par la parole, par la plume ou même par les armes, à travers un siècle brillant qui atteignit, à certains égards, les plus hauts sommets de la littérature, de l'art, de la science et de la civilisation sous ses formes les plus raffinées et les plus éclatantes.

***

Mais nous devons assister d'abord à de plus agréables scènes.

Voici, tel que le donne l'*Histoire du Languedoc*, le récit des extraordinaires faveurs accordées par François Ier aux juristes. Il leur confère ce qui est le plus cher au roi chevalier, l'ordre de chevalerie. Evidemment, le père des lettres veut s'assurer la conquête de tous les travailleurs ; mais il met hors de pair, à Toulouse, ceux qui soutenaient traditionnellement l'autorité royale : les légistes, les maîtres de son chancelier, Duprat, présent à ses côtés en ce moment.

« François Ier et Louise de Savoie vivaient alors entourés, dit M. Hanotaux (1), par ce parti qui paraît avoir

(1) Hanotaux, *Etudes historiques*, pp. 8 et 16.

trouvé son centre dans le Midi, au Parlement et à l'Université de Toulouse...

« Et c'est par l'entremise du duc de Bourbon que Louise de Savoie paraît avoir été mise en relation avec cette ardente Ecole de Toulouse, avec les Auvergnats, les Duprat, les de Pins, les Marilhat, les Briçonnet, les Tournon qui allaient jouer un rôle si considérable »...

« Tous ensemble, aidés par le caractère hautain et la grande intelligence de la reine-mère, soutenus par la nature vive et personnelle du roi, donnèrent en quelques semaines, au nouveau règne, son empreinte définitive. » On ne peut dire ni mieux, ni davantage, pour caractériser le rôle important de nos actifs et supérieurement intelligents devanciers à l'Ecole.

***

Voici le récit de cette entrée rapporté par les savants Bénédictins de l'*Histoire du Languedoc* (1).

« François Ier, pendant son séjour à Toulouse, donna des lettres patentes en faveur de l'Université de cette *ville, composée alors de vingt docteurs-régens* dans les quatre Facultés. Il confirma ses privilèges et accorda aux docteurs-régens *« celui de créer, ériger et promou- « voir à l'ordre de la chevalerie ceux qui auront accom- « pli le tems d'estude et résidence en ladite Université, « ou autres qui seront par eux promus et agrégés au « degré doctoral, et leurs personnes estre décorées de « chacunes desdites dignités de degré doctoral et ordre « de chevalerie* ». Les professeurs en Droit de cette Université avoient déjà la prérogative d'être faits *Comtes ès lois*, après avoir enseigné pendant vingt ans.

(1) *Histoire du Languedoc*, t. XI, p. 240.

« Blaise Auriol, docteur-régent en Droit canonique dans la même Université, fut le premier qui fut créé chevalier, en vertu du privilège de François Ier. La cérémonie s'en fit avec beaucoup de pompe, le 1er de septembre suivant, par Pierre Daffis, docteur-régent et Comte ès lois, qui lui donna l'épée, la ceinture et le baudrier, les éperons dorés, le collier et l'anneau, où était le cachet et les armes de celui qui était reçu. Le candidat promettait de ne pas employer les armes pour les choses profanes, mais seulement pour la conservation des droits de l'Eglise, pour la foi chrétienne et pour la milice littéraire. Pierre Daffis, dans le discours qu'il prononça et qu'il adressa au candidat, le loua de ce qu'étant prêtre, il avait été référendaire dans la chancellerie de Toulouse, de ce qu'il était le premier du nom de Blaise qui avait écrit sur le Droit, et enfin de ce qu'il avait été le premier qui avait montré qu'on pouvait écrire éloquemment en français, *genre d'écrire, ajoute-t-il, que personne n'avait encore* connu auparavant. »

Le *Livre Rouge* de la Faculté de Droit, très précieux recueil de manuscrits, actuellement déposé à la bibliothèque universitaire, contient le texte des discours adressés par Blaise d'Auriol aux princes, à la reine et au roi, lors de leur arrivée à Toulouse.

Il résulte, de l'ensemble de ces fêtes et de ces paroles, que la Faculté et le roi contractaient solennellement un pacte d'alliance déjà pratiqué, mais qui devait se traduire bientôt par une extension nouvelle du pouvoir royal sur l'indépendance provinciale.

***

Les beaux jours de la Faculté n'étaient certes point encore achevés.

Le 24 janvier 1536 eut lieu une dispute solennelle, sur la matière des substitutions, soutenue pour Toulouse, par Boyssoné, *utriusque juris doctor, professor extraordinarius,* dit le Livre Rouge, contre un professeur italien célèbre et devenu depuis peu Dominicain, Lancelot Soliti. La circonstance parut si solennelle que la foule accourut et que le Parlement lui-même s'y rendit avec empressement. *Præsidites et consiliarii in tanto... numero quantus non antea visus est.* Nous retrouverons bientôt le héros toulousain de ce combat singulier (1).

***

Mais, en 1540, la lutte devait changer de caractère et, sous l'influence encore lointaine de la Réforme, l'émeute commençait à gronder dans la rue. C'est à l'école de Droit que la réforme trouva ses premiers prosélytes; c'est là aussi qu'elle amena ses premières rencontres sanguinaires.

Le nombre des étudiants présents à certains cours y était d'ailleurs formidable. Jean de Coras, professeur à la Faculté, était à ce moment recteur ; c'était un juriste déja célèbre. Il avait eu, du moins en 1554, et au dire de Maynard, l'arrétiste, conseiller au Parlement et l'un de ses disciples, plus de 4.000 élèves présents à son cours (2).

(1) *Livre Rouge*, p. 175, V°.

(2) Bénech, *Mélanges de Droit et d'Histoire*, indique le passage de Maynard. Il ajoute que Mathieu Wisenbach et Antoine Usilius (ce dernier, Conseiller au présidial et docteur-régent à la Faculté de Droit de Montpellier), avaient été aussi les disciples de Coras, et qu'ils fixaient le nombre de ses élèves pendant ses cours à deux mille, plus ou moins.

Il a tracé un récit sommaire mais émouvant des événements tragiques du jour. Le Livre Rouge contient cet écrit rédigé sur le moment même, par l'un des principaux témoins. *Nova incredibilis et inaudita clades, anno 1540 et 14 aprilis, apud Tolosam accidit.*

Le Parlement avait pris des mesures pour réprimer des désordres à la Faculté de Droit : *Ad cohibendam scolasticorum quorumdam petulantiam, qui paulo ante ex scholis aulam unam ingressi... Hispanos præsertim ensibus feriebant, pedibusque insolenter conculcabant.*

Le jour de l'exécution de la sentence, les jeunes gens arrivèrent en masse, brisèrent tout ce qui se trouva sur leur passage, mirent le feu à l'édifice où Arnaud de Ferrières et Coras donnaient leurs leçons de Droit. L'incendie détruisit tout ; *exusserunt ut ne gymnasii quidem vestigium appareret.* La milice voulait les arrêter, mais le peuple ameuté déjà les avait mis en fuite. Trois cents s'échappèrent de la ville, on en retrouva plusieurs noyés, on en arrêta un grand nombre ; sept furent retenus.

Avec la générosité de ceux qu'élèvent, à cet âge, les travaux supérieurs de la pensée, l'un d'eux se déclara spontanément le premier coupable de l'incendie. Il fut condamné à mourir en croix et exécuté : *Senatus arresto crucifixus est.* D'autres, absents, furent brûlés en effigie ou frappés de peines pécuniaires.

***

Nous apercevons dans ce document lugubre une indication nouvelle et qui n'est certainement pas indifférente : c'est la division du personnel des étudiants en

Nations, comme cela se pratiquait depuis longtemps à Paris. *Hispanos concultabant.*

Nous les verrons bientôt marcher en corps, en troupes armées et disciplinées, avec leurs règlements, leur hiérarchie et leurs turbulentes rencontres. Nous pourrons même fournir de *saisissants détails sur les mœurs* de ces foules d'étudiants de toute provenance.

***

C'est en ce temps qu'était apparue la grande figure de Cujas. Il s'était signalé à Toulouse par ses études, par ses leçons, comme *docteur enseignant*, et par ses publications, avant son départ pour l'Universté de Cahors. Il était déjà un savant renommé à qui d'autres dédiaient leurs ouvrages.

C'était au plus fort de ce grand mouvement des esprits, des *théories sociales*, politiques et religieuses, si actives à Toulouse, et spécialement parmi les maîtres ou les disciples nombreux de notre Faculté de Droit.

***

Mais donnons d'abord une description de la scène nouvelle où vont s'agiter tant de personnages devenus diversement célèbres.

Le 17 janvier 1515, un arrêt du Parlement condamna les capitouls « à édifier six escoles dans le délai de six ans : trois salles pour le Droit civil et trois pour le Droit canon, le nombre des professeurs devant être réduit à ce chiffre six ». Chaque professeur, nous l'avons vu, avait eu jusque-là une salle de cours de son choix et à ses frais.

Voilà donc la Faculté de Droit bientôt chez elle, ou

plutôt logée par la municipalité toulousaine, comme elle l'est encore aujourd'hui.

Nous ne saurions mieux faire que de reproduire à ce sujet, le texte de notre historien local Catel.

« On lisait anciennement les Institutes au lieu où est maintenant la salle de Médecine, et Messire Bernard du Rosier, archevêque de Tolose, qui était docteur régent, a leu les Institutes en laditte salle; depuis, la ville recognoissant ce défaut de salles publiques en l'Université pour interpréter le Droit civil et canon, fit bastir, en l'année mil cinq cent dix-huit, ces trois grandes salles que nous appelons aujourd'hui les Estudes, dans lesquelles les professeurs, tant en Droit civil que canon, font leurs lectures, et à ces fins fit imposer la somme de deux mille livres, lesquelles escholes ou salles furent achevées de bastir et garnies de bancs et pulpitres, ainsi qu'il est noté dans les Annales de la ville de Tolose .. et cette rue où les professeurs en médecine font leur lecture estait appelée, dans les anciens cadastres, la rue des Loix. Mais les Estudes ayant été basties, cette inscription fut gravée en lettres d'or sur une pierre à la porte desdites écoles : *Anno CIƆ DIC quo feliciter natus Delphinus*, » etc. (1).

*
* *

Il y avait à Toulouse un quartier réservé à l'Université, qui s'étendait entre la vieille et superbe abbaye romane de Saint-Sernin, l'église du Taur, avec son clocher de forme particulière au pays et rappe-

(1) Catel, liv. II, p. 231. *Mémoires sur l'Histoire du Languedoc*, 1643.

lant l'architecture mauresque et le couvent des Chartreux.

Là, près du couvent et de la belle église gothique des Cordeliers étaient les *Estudes*, c'est-à-dire les Facultés, d'un aspect bien plus modeste que de nos jours, avec des rues d'un caractère particulier. C'était, pour les étudiants de tout âge, depuis l'adolescent de quatorze ou quinze ans, de la Faculté des arts ou des collèges, jusqu'au licencié, aspirant au doctorat en Droit ou en Médecine, après de longues années d'études, le terrain réservé à leurs travaux et à leurs exploits de tout ordre. C'était le *Lieu sacré*.

Nous devons en dire un mot, pour donner aux scènes très diverses que vont jouer les étudiants en Droit, dans ce pittoresque décor, aux *Estudes* ou dans les rues, la physionomie réelle de l'époque.

***

La rue actuelle du Taur, allant du Capitole à Saint-Sernin, était la plus remarquable sans doute, car, sur son parcours, avaient été bâtis à chers deniers, par les cardinaux, les archevêques et les Papes, les collèges de Saint-Martial, de Périgord, de Maguelonne, de Saint-Raymond, et dans les environs le collège de Foix et plusieurs autres.

A l'époque où nous sommes arrivés, dans la première moitié du seizième siècle, il s'en élevait majestueusement quatorze, placés sans ordre, dans un rayon de quatre cents mètres environ (1).

(1) Il y en avait eu antérieurement plus que cela En 1551, ils furent réduits à onze par édit du roi. Les jésuites prirent possession vers la même époque d'une partie de l'enseignement, notamment au collège de l'Esquille.

Plusieurs de ces collèges ressemblaient à des donjons féodaux, à d'énormes forteresses, avec des murs de brique très élevés et percés de rares ouvertures à meneaux. Il y avait même parfois des tours d'angle crénelées et de lourds créneaux pour couronner ces tristes et énormes cubes de brique.

On peut s'en rendre compte aujourd'hui encore, en venant à notre Faculté par la rue des Lois, à l'aspect du collège de Foix, devenu un pensionnat de jeunes filles et un couvent, dit de la Compassion.

Un peu plus loin, auprès de Saint-Sernin, le collège Saint-Raymond offre le même spectacle étrange. On l'a éclairé et egayé par des travaux récents ; il renferme un précieux musée d'objets archéologiques.

La tour énorme du collège de Périgord se voit encore à l'angle de la rue de ce nom et de la rue du Taur.

Ces robustes édifices ont échappé aux démolisseurs, après avoir résisté, non seulement à l'œuvre du temps, mais encore aux canonnades des huguenots et des catholiques, alors qu'en mai 1562 les troupes des deux adversaires s'y étaient fortifiés.

D'autres collèges étaient construits dans le style moins sévère et si souvent élégant de la Renaissance. Les bâtiments entouraient une grande cour carrée (1). Il en était ainsi, par exemple, du collège de Maguelonne, restauré au seizième siècle, et dont M. Mazzoli nous a conservé le dessin fait vers 1847, tel qu'il est resté dans les souvenirs de mon enfance (2).

(1) Voir la publication des dessins des anciens monuments de Toulouse, par Mazzoli. Imprimerie Chauvin. 1885, Toulouse.

(2) On y retrouvait les longues galeries en bois très habilement disposées, dont il reste encore des modèles curieux dans plusieurs maisons de la rue des Changes.

Dominées par les hautes nefs et les clochers des Jacobins, des Cordeliers, de Saint-Sernin, du Taur, qu'avait fièrement élevés dans les airs la piété du Moyen Age, toutes ces constructions imposantes formaient une masse dans laquelle les maisons des particuliers devaient faire pauvre figure. Elles y étaient nombreuses cependant, et comblaient les espaces qui séparaient les monuments et leurs dépendances (1).

Il y avait aussi les grands couvents d'hommes et de femmes, plus ou moins étroitement cloitrés, les jacobins, les cordeliers, les chartreux et bien d'autres.

Les plans anciens indiquent, d'ailleurs, les rues du quartier Saint-Sernin comme assez larges, quoique près des remparts. Les maisons particulières en pan de bois ou en brique, percées de petites croisées à meneaux, plus ou moins ouvragées, quelques-unes avec pignon sur rue, se suivaient sans beaucoup d'ordre (2). La plupart avaient sûrement, suivant la mode du temps, des premiers étages très bas, avançant sur la rue et formaient ainsi, à la place de nos modernes trottoirs, des passages couverts, pour protéger les passants contre le mauvais temps ou contre les ardeurs du soleil.

(1) La bibliothèque de l'Arsenal de Paris a bien voulu mettre à notre disposition le volume 5795 qui contient, avec de précieux manuscrits sur l'Université, de nombreux détails sur tous ces collèges. On y trouve spécialement un tableau synoptique des plus intéressants, sur tout ce qui se rattache à leur origine et à leur fonctionnement. Nous signalerons aussi une étude récente publiée sur ce sujet : NICOLLET. Les collèges dépendant de l'Université de Toulouse. d'après l'enquête de 1667, *Revue internationale de l'enseignement supérieur*, 1899, pp. 413 à 418.

(2) La publication de M Mazzoli reproduit, p. 103, le dessin d'une maison du seizième siècle, place Saint-Sernin, qui existait encore en 1860 et qui a disparu depuis lors, après toutes les autres.

On voyait, avec le vent, s'agiter, en grinçant sur leurs tiges horizontales, les enseignes de tole peinte qui s'avançaient dans la rue, pour attirer les regards.

Les ouvriers travaillaient dans les boutiques ouvertes sous le contrôle des passants, comme le prescrivaient, pour quelques-uns, les règlements antiques des corporations.

Au croisement des rues étaient juchées, à l'angle des murailles, dans leurs niches grillées, des statuettes de la vierge ou des saints naïvement sculptées en pierre ou en bois; un imperceptible lumignon, entretenu jour et nuit par les gens du voisinage ou par les corporations placées sous leurs patronages, les éclairait pieusement.

A certains carrefours on voyait de grandes croix plantées en terre; les plans anciens en indiquent plusieurs dans le *quartier des escholes*. Çà et là, encastrées dans les murs, des pierres portant grossièrement gravées quelque courte prière, des ordres du Parlement ou le souvenir de ces événements tragiques si fréquents à cette époque tumultueuse et dans ce quartier cosmopolite (1).

On y voyait tous les jours des groupes d'étudiants dans leurs costumes nationaux ou règlementaires, souvent avec des armes ostensiblement portées, circuler bruyamment par les rues. Les jours de réception aux grades, ils étaient accompagnés de ces baladins et de ces hautbois dont il est tant de fois question dans les chroniques et aussi dans les prohibitions des règlements.

(1) On voit des indications à cet égard, sur les anciens plans de la ville. Le nom de la rue Croix-Baragnon lui est venu d'un fait de ce genre et des plus dramatiques.

Et pendant que cette jeunesse, après les études, s'agitait au dehors, l'esprit des controversistes, des chercheurs, des penseurs, vibrait dans leur solitude laborieuse. Ainsi les hommes de travail recevaient l'écho lointain, et parfois très rapproché aussi, des passions du monde ; se préparaient aux disputes solennelles ou se mêlaient, par leurs écrits, aux troubles d'un siècle tourmenté. Enfermés dans les bibliothèques opulentes des couvents, des collèges ou dans celles plus modestes et plus péniblement amassées de leurs demeures, ils apprêtaient des armes pour les combats de la vie qui grondaient partout.

* * *

C'est là que séjournait cette masse de jeunes hommes qui suivaient presque en totalité, ou du moins par milliers, les cours de Droit. Il ne devait guère alors y avoir de place que pour eux, et l'on peut voir, dans plusieurs bulles du temps, que des tarifs réglés par les Papes eux-mêmes fixaient d'avance ce que devait leur coûter le loyer de leurs modestes habitations.

A Toulouse, on le sait bien, le quartier des financiers, des marchands et celui des parlementaires ont conservé de nombreux et admirables modèles des constructions privées; dans ce quartier-ci, aucune n'est restée.

* * *

Les capitouls et leur police n'y étaient pas toujours bien accueillis. Un manuscrit qui nous édifiera bientôt sur les habitants, nous parle en d'étranges termes des préjugés qui y étaient en cours à l'égard du guet municipal.

Lors du passage de Charles IX à Toulouse, en 1565, les étudiants voulurent « demander justice au roi du meurtre perpétré en la personne de M. Du Mont, écolier parisien, par les capitols de Tholose; lesquels venant aux estudes au mois de juillet, en l'an 1564, sous prétexte de quelque port des armes, dont faussement ils avaient esté avertis, suivis de deux ou trois cens fourrous armés de bastons à feu, hallebardes, piques, cousel'es et autres armes, ne trouvant commodité aucune, pour, avec quelque légiére occasion, rassasier et assouvir leur pestiférée et malheureuse volonté : forcenés contre cette noble bande, qui ne s'amusait qu'à recueillir les riches et subtiles interprétations de monsieur Forcadel, docteur-régent en cette Université. Enfin, non contens de cette nouvelle esplanade qu'ils avaient faite en introduisant cette canaille de truands et bélitres dans ce lieu sacré, — duquel lieu il leur estait expressément *prohibé et déffendu d'en approcher de 500 pas*, et ce, par édit du Roy confirmé par arrest du Parlement de cette ville ».

***

On le voit, la scène ne manquait ni d'animation ni de pittoresque, c'est celle où grandit, étudia, écrivit et enseigna Cujas jusqu'à sa maturité complète. Il ne devait quitter Toulouse et la Faculté, dont il était le grand docteur, qu'à l'âge de trente-trois ans.

Ce serait laisser une grave lacune, dans l'histoire de notre Faculté, que de ne pas rétablir, sur ce sujet discuté depuis des siècles, la vérité qui touche à l'honneur même de notre passé.

Cujas naquit à Toulouse dans une maison de la rue qui porte son nom (1).

C'était en 1520, suivant les uns, en 1522, d'après d'autres. Les discussions à propos du grand juriste commencent, on le voit, dès sa naissance. Il était le fils d'un tondeur de drap ou foulon, venu lui-même à Toulouse, du diocèse d'Oloron, dans les Pyrénées.

Des volumes ont été écrits sur sa vie et ses œuvres, et l'on discute encore sur le point de savoir pourquoi il ne fut pas docteur régent à notre Faculté. Nous en dirons un mot tout à l'heure.

***

M. Berriat Saint-Prix s'est fort passionné pour Cujas et pour son œuvre. Il a retrouvé, après d'énormes recherches, nous dit-il lui-même, les noms des élèves de Cujas partout où il a professé. La liste de ces élèves reconstituée, en partie, pour Toulouse, est vraiment surprenante, par le nombre et par la qualité de ceux qui s'y trouvent.

Nous pourrons signaler parmi ces premiers disciples :

En 1547, Paul de Foix, qui fut ambassadeur, ministre d'Etat et archevêque de Toulouse.

En 1547, Guy du Faur de Pibrac, président au Parlement, ambassadeur, chancelier de Navarre et d'Alençon.

En 1544, Jean Amariton, célèbre éditeur des notes d'Ulpien.

De 1554 à 1557, Pierre du Faur de Saint-Jory, premier président du Parlement.

(1) Une plaque commémorative indique cette maison, de bien od este apparence, à la rue Cujas, nº 10.

De 1554 à 1559, Antoine Loisel, avocat à Paris, substitut des grands jours de Poitiers, avocat général de la chambre de Guienne.

En 1553, le célèbre érudit Marc-Antonin Muret.

Enfin, Etienne Pasquier, plus jeune que lui de quelques années seulement, qui vint à Toulouse et qui a écrit : « Chacun le trouvait d'un esprit fort clair et qui ne promettait pas peu de choses ». Pasquier ne se trompait pas dans son horoscope.

Cujas eut d'autres élèves innombrables et plus illustres encore dans les autres Universités et qui le suivaient de ville en ville. Signalons entre mille, Pierre Airault, Pierre Pithou, Jeannin le ministre d'Henri IV, François Pithou, Jacques de Thou, Scaliger et Guillaume de Maran, devenu professeur à Toulouse, et dont nous reparlerons.

*
* *

C'est une erreur très grave et pourtant très répandue de croire qu'il fut indifférent à tout ce qui n'était pas le Droit et de le juger sur cette parole dont il usait quelques fois, pour se débarrasser des importuns ou des provocateurs malintentionnés : *Nihil hoc ad edictum prætoris*.

On peut lire, par exemple, au début de son traité sur les questions de Papinien, une invocation qui est, en vérité, la prière très humble du maître dévoué à ceux qu'il est chargé d'instruire, et qu'il veut se rendre favorables, afin de les guider plus sûrement vers la vérité et le bien.

« Il nous faut avant tout invoquer Dieu et l'invoquer chaque jour, en commençant notre labeur..... Nous te prions, ô Dieu très grand et très bon, par

Jésus-Christ, pour que dans ce travail, non moins que dans tous nos actes, tu nous assistes, le voulant bien, pour que tu nous sois propice et que tu nous diriges par ton saint esprit, afin que vivants, nous plaisions à ceux que nous voulons servir, suivant sa volonté, et que morts, s'il nous est permis, nous ne leur soyons pas inutiles. Que cela, Dieu le fasse ainsi ». Ce n'était qu'approximativement une formule liturgique (1). Mais elle était fort touchante, dans la bouche de ce grand maître.

Ce n'est certes point, en tout cas, la prière d'un indifférent, ni la parole d'un incrédule, c'est celle d'un chrétien pieux, mais plutôt indépendant.

Il parlait déjà dans ses lettres avec des mots de critique accentuée, de la pure et vraie religion chrétienne. Et c'est ce qui est conforme à la tradition, qui le considère comme ayant incliné vers les protestants, et même comme étant mort Calviniste, au fond, malgré les apparences (2).

C'était dans les choses de la vie, l'éternel indécis, mais c'était une belle âme, très simple et très bonne, trop timide parfois. Il voulait dans les matières, où il ne se considérait pas comme autorisé, laisser aux autres leur liberté et c'est ce qui explique ses réponses évasives à l'occasion; il avait, d'ailleurs, quelque raison d'être discret, alors que les guerres

(1) « Id invocandum est nobis initio : invocandum quotidie dum » incedit opus... Te precamur Deus opt maxime per Jesum Christum » ut in hoc labore, nec non in cæteris actionibus omnibus, nobis » adsis volens, ac propitius regas nos tuo sancto spiritu, ut et vivi » placeamus quibus prodesse volumus, secundum ejus voluntatem, » et mortui, si optare fas est, iisdem non inutiles simus. Id ita » Deus faxit ».

(2) V^r Berriat Saint-Prix, *loc. cit.*, p. 533.

religieuses désolaient la nation et que la sinistre lueur des bûchers se répandait sur le pays, pour punir quelquefois de simples paroles (1).

*
* *

Ce n'était pas non plus un indifférent pour sa patrie, celui qui adressait du haut de la chaire, à ses immenses auditoires, accourus de tous les pays, ces nobles et graves paroles : *Patria omnibus carior esse debet quam nosmetipsi.*

Il sut fermement résister aux magnifiques récompenses qui lui furent offertes pour le décider à écrire en faveur du cardinal de Bourbon, prétendant à la couronne de France. Il sut aussi, à Bourges, braver les menaces d'une foule ameutée contre lui à cette occasion.

On dit même qu'il mourut de chagrin à la vue des calamités publiques dont il était le témoin désolé.

*
* *

Laissons de côté, dans la vie du grand jurisconsulte, tout ce qui est étranger à notre ville et à notre Faculté et qui appartient à l'histoire générale de la science du Droit.

C'est comme *privat-docent*, ou plutôt, comme professeur extraordinaire, *extra ordinem legens* à la Faculté, qu'il obtint ses premiers et retentissants succès.

Dès l'âge de vingt-cinq ou vingt-sept ans, en 1547, il

(1) Il en avait été ainsi pour Caturce, professeur à la Faculté, exécuté par le feu en 1531. V[r] *Infra*.

avait ouvert un cours particulier sur les substitutions, qui lui attira les éloges des plus grands personnages.

C'est à Toulouse qu'il publia le premier ouvrage qui fixa sur lui l'attention des savants : *Les notes sur Ulpien*, en 1554.

***

Cette même année il se fit inscrire pour disputer une chaire de Droit civil devenue vacante, et qui fut en définitive occupée, seulement deux ans après, par Forcadel (1), en 1556. Nous verrons avec quel immense concours d'étudiants et quel succès celui-ci professait, plus tard, dans cette chaire.

Forcadel fut-il préféré à Cujas dans le concours ouvert en 1554 et peut-on reprocher à l'Université de Toulouse l'erreur grossière d'un pareil choix ; ou même, ce qui serait moins grave peut-être, un parti-pris systématique, exclusif de toute nouvelle méthode d'enseignement ?

Depuis de longues années, et même déjà aux siècles précédents, on a formulé contre la Faculté de Droit de Toulouse cette double accusation. Un mot lancé par Papyre-Masson en a été l'origine lointaine.

Nous devons prendre parti pour nous défendre, et nous le faisons d'autant plus volontiers, que les arguments nouveaux et décisifs se multiplient de jour en jour, pour trancher définitivement la question en notre faveur.

Nous ne reviendrons pas sur les controverses anciennes, pas plus que sur la longue discussion bien connue des Romanistes, entre Berriat Saint-Prix et

(1) D'autres disent Forcatel. Nous n'insistons pas.

notre prédécesseur M. Bénech, en 1842 (1) et dans laquelle intervint M. de Savigny.

Nous nous bornerons à ajouter, aux documents fournis par M. Bénech, l'insistance nouvelle, convaincue et autorisée de M Dupré-Lassalle dans le même sens (2).

Ce qu'il faut, surtout, pour discerner la vérité, c'est se mettre en présence du trouble des esprits à l'Université et au Parlement, bien plus encore; et aussi en présence des guerres religieuses avec leurs atrocités.

D'un naturel timide, Cujas avait eu à subir, au début du concours, à la fois, les manœuvres dangereuses d'un canoniste, son compétiteur à la chaire, Rossel, et les attaques virulentes d'un homme dont l'ardeur réformatrice égalait le talent. Il n'y résista pas.

Ce dernier était un étranger à Toulouse, un jeune homme, un Angevin qui s'était fait une autorité parmi les élèves de la Faculté de Droit : le fameux Jean Bodin. Il s'était mis à la tête d'une bruyante cabale contre Cujas (3).

A notre avis, Cujas dut quitter Toulouse comme il quitta d'autres résidences, pour échapper aux luttes corps à corps, au concours lui-même qui n'était pas dans ses goûts, en fait il n'en a jamais subi aucun, et peut-être plus encore, aux dangers qu'il pouvait redouter, par suite de ses idées religieuses déjà connues, sous les yeux d'un Parlement implacable.

(1) Berriat Saint-Prix, *Histoire du Droit romain*, suivie de l'*Histoire de Cujas*. Paris, Fanjat, libraire, 1821; Benech; *Cujas et Toulouse*, Toulouse, imprimerie Dieulafoy, 1842. Et *la polémique par lettres publiées*, eod. Toulouse, 1842.

(2) *Michel de l'Hôpital*, par M. Dupré-Lassalle, conseiller à la Cour de cassation, t. I, p. 329. Paris, 1897.

(3) M. Berriat Saint-Prix l'établit dans une note de la page 501, voir aussi p. 379.

Il ne resta à Cahors que quelques mois ; il arriva à Bourges par la protection de l'Hospital et de Marguerite de France, duchesse de Berri, et peu de temps après, en 1557, il quittait Bourges pour échapper, cette fois, à la rivalité remuante de Doneau et de Duarein.

***

Mais, en vérité, l'Université et la ville elle-même peuvent-elles être déclarées responsables des actes inconsidérés d'un jeune homme venu d'ailleurs, pour répandre, en passant, ses agitations à l'Ecole, ou encore des rigueurs sanguinaires du parlement Royal, poursuivant à outrance, dans la contrée, une politique de terreur jugée par lui nécessaire au salut de l'Etat.

En tout cas, et c'est là pour nous, en ce moment l'essentiel, Cujas ne fut repoussé ni par l'obstruction, ni encore moins par les votes de la Faculté; c'est ce que nous démontrerons aisément tout d'abord.

***

Ce fait là est devenu désormais une certitude absolue, surtout depuis la publication de documents dus aux recherches savantes de M. l'ingénieur en chef Fontès, membre de l'Académie des sciences, inscriptions et belles-lettres de Toulouse (1). C'est Forcadel lui-même qui parle, cette fois, et le témoignage ne peut être contesté.

(1) *Revue des Pyrénées*, t. VI, 1894, 3e livraison. M. Fontès avait communiqué à l'Académie des sciences une étude sur un savant mathématicien du seizième siècle, qui était le frère de Forcadel. A cette étude est venue s'en joindre une autre, sur Forcadel le juriste (Etienne), qui a publié de nombreux travaux juridiques, politiques et littéraires, conservés à la bibliothèque de la ville de Toulouse.

Observons les dates ; cela suffit pour établir, dans ce long procès, pourrions-nous dire, un *alibi* décisif Au mois *de septembre 1554*, Forcadel se plaint des retards apportés à l'ouverture du concours. Dans la préface des ses *Epigrammata* publiés à cette époque et datés sur l'imprimé lui-même : « il se demande, si un jour ou l'autre, on finira par observer l'arrêt du Parlement concernant l'enseignement du Droit » (1).

Or, *en novembre* 1554, deux mois après, Cujas avait disparu ; il avait été installé dans sa chaire à Cahors ; et c'est en 1556, deux ans plus tard seulement, que le concours annoncé se jugea. Personne ne songera à dire sans doute que le concours dura deux ans ; il pût durer six mois tout au plus ; *il ne dut donc commencer que plus d'un an et demi après le départ définitif de Cujas.*

Donc Cujas n'a pas été évincé, car il n'a pas concouru.

Donc ce n'est pas pour lui faire obstacle qu'on a retardé le concours, puisque les retards ont duré encore deux ans après son départ, alors qu'il n'était plus là depuis longtemps.

Nous avons lieu d'espérer que cette première question est résolue, une fois pour toutes, et que personne ne songera à répéter que Cujas a été victime, dans un concours, de préventions Bartholistes, ou d'animosités personnelles odieuses de la part de ses juges. Il ne fut ni repoussé ni jugé.

(1) Il s'agissait du concours ouvert précédemment et auquel Cujas, Forcadel, Rossel et un autre docteur avaient été déclarés candidats, par arrêts des 17 février 1553 (*rég. des arrêts*, 47e f° 247 v°) et 29 mars 1554 (cod.).

* * *

Il ne nous reste, par conséquent, qu'à nous expliquer sur les motifs de son départ pour Cahors. Nous le ferons tout autrement qu'on ne l'a fait jusqu'ici.

Il est facile de voir, par ce qui précède, qu'à notre avis Cujas n'avait que trop de raisons pour fuir les deux ennemis acharnés à sa poursuite que nous allons faire mieux connaître, avec les documents certains à l'appui.

En vérité, il ne s'agissait guère pour eux d'Alciat ou de Bartole, ni des textes de Justinien ou de la Glose. La cabale était dirigée sur des sujets de dispute autrement graves. On le verra bien, quand on saura plus exactement quels en étaient les chefs, soit à l'Université, soit auprès de cette foule impressionnable et bruyante de jeunes gens, toujours en éveil dans le *lieu sacré*.

Dans les rangs de l'Université, le chef était un Canoniste, Martin Rossel, animé par des passions plus profondes que celle des procédés d'étude du Droit romain, lequel n'était pas l'objet de son enseignement.

C'est Cujas lui-même qui, en arrivant à Cahors, nous donnera des renseignements précis sur la conduite de ce concurrent troublant : *quidam juris Canonici professor omnem rem perturbabat et distrahebat* (1).

Cujas ne songe donc pas à se plaindre des membres Romanistes de la Faculté. Il ne voit qu'un agitateur responsable, un perturbateur, c'est Rossel le Canoniste qui est seul l'auteur de tout ce qui a été fait contre lui : *omnem rem*.

(1) Discours prononcé à Bourges par Cujas, le 22 septembre 1556. Manuscrit de la Bibliothèque nationale, n° 6069 L. Voir la lettre de Bériat Saint-Prix à M. Valette. *Revue française et étrangère*, 1842, pp. 238 et suivantes.

Il y en avait un autre, cependant, du côté des étudiants, dont Cujas ne parlera que plus tard, mais il le fera publiquement et dans le langage de l'indignation.

C'était un jeune homme autrement redoutable, du moins par son talent et sa fougueuse nature ; nous l'avons dit, c'était Jean Bodin, récemment venu d'Angers (1). Nous reparlerons de lui, dans la suite et à la place qui lui convient ; bornons-nous à signaler, ici, le caractère de ses agressions contre Cujas.

Peut-être suivait-il les procédés de Bartole ; il dit même avoir enseigné ses doctrines à Toulouse, avec celles de bien d'autres Romanistes qu'il désigne tous en bloc, avec le même dédain. Son hostilité n'était pas assurément dirigée en ce sens purement exégitique.

Mais c'était un esprit très supérieur, porté aux généralisations et qui devait préluder par son *de Republica*, dans sa maturité, à nos études modernes de sciences sociales.

Agité et changeant par tempérament, il l'a dit lui-même, il eut les plus hautes relations, jusqu'à celles

(1) Voir BAUDRILLART : *Bodin et son temps*. Paris, Guillaumin, 1853 Bodin continua après son départ de Toulouse ses attaques contre Cujas et voici ce qui se passait quelques années après : « Cujas, dit M. Baudrillart, poussa contre Bodin un cri de colère, qu'il devait répéter en chaire contre le nouvel écrivain, parla pendant deux heures de suite de ses erreurs et de ses ignorances. La scène est racontée par Jacques Bongars qui en fut témoin, dans une lettre que cite la *Gallia orientalis*. Fesant l'anagramme de Joannes Bodinus, il affecta de donner à son adversaire, pendant toute la discussion, le sobriquet d'*Anduis sine bono*. » BAUDRILLART, *loc. cit.*, p. 115 On sent bien, dans le ton de la discussion, plus qu'un désaccord purement théorique, on y voit la passion personnelle, dans une injure qui n'a rien de scientifique, ce qui était d'ailleurs admis par les usages du temps.

du roi. Abandonnant sans cesse les hommes et les choses, il devait arriver jusqu'à l'étude des sorciers, à la Démonologie, dans un livre qui fut brûlé sur la place de grève (1).

Il fut pendant son long séjour à Toulouse, à l'époque de l'ouverture du concours de 1554, spécialement et puis ensuite, pendant toute sa carrière, l'ennemi déclaré de Cujas sans qu'il ait jamais été

(1) « Il prononça, devant le peuple et le Sénat de Toulouse, en 1559, un Oratio de *Instituenda in republica juventute*, lieu commun de littérature, mais qui respire l'amour des lettres et de la jurisprudence et qui associe, dans un commun éloge, Budé et Alciat. » (BAUDRILLARD, *Bodin et son temps*, page 114; Paris, Guillaumin, 1853). Bartole après Alciat : on le voit, le jeune juriste n'était pas bartoliste intolérant, et ce n'est pas là, pas plus que pour le canoniste Rossel, le mobile des hostilités. La passion venait d'ailleurs, on peut le constater, dans le ton et le sujet de polémiques ultérieures entre Cujas et Bodin, dont nous donnons quelques extraits.

Voir notamment, en tête *des six Livres de la République*, 3e édition, 1578. Épitre dédicatoire, Vido Fabro.

Bodin avait été attaqué par Cujas, dans des circonstances que nous indiquons plus haut; il répond : « Si tamen error veniam meretur Cujacium quodammodo veniâ dignum putem, cum ipse in eodem errore fuerim de quoquidem confiteri non pudet. Fuit enim tempus illud, cum populi Romani jura publice apud Tolosates docerem, ac valde sapiens mihi ipsi viderer in adolescentium corona; illos autem juris scientia principes, Bartolum, inquam, Baldum, Alexandrum, Fabrum, Paulum, Molinæum, quos viros; ac universum prope judicum et advocatorum ordinem, nihil aut parum admodum sapere arbitrarer postea vero quam in foro jurisprudentiæ sacris initiatus, ac diuturno rerum agendarum usu confirmatus sum, tandem aliquando intellixi non in scolastico pulvere, sed in acie forensi; non in syllabarum momentis, sed in æquitatis ac justiciæ ponderibus veram ac solidam juris sapientia posita esse : eos autem qui forenses literas nesciunt, in maxima Romani juris ignoratione versari. » — Voilà les Romanistes seuls à ignorer le Droit romain et condamnés comme tels par Bodin à propos de Cujas. Ce n'est qu'au Parlement qu'on connaît le droit et la justice... Bodin ne fut pas toujours du même avis.

question, entre eux, assurément, ni d'Alciat ni de Bartole.

En 1614, Scot, dans l'édition qu'il donnait des œuvres de Cujas, avec les controverses de Bodin et d'autres, nous renseigne absolument à cet égard (1).

Et c'est bien ainsi, c'est-à-dire à la tête de la cabale de 1554, que Bodin est présenté dans les écrits du temps : *Primus et quasi Princeps.*

* * *

Voilà donc les bruyants personnages qui environnent le savant paisible. Encore une fois, ce n'est pas une manœuvre de polémique scientifique qui est dirigée contre lui ; la cabale est conduite par un professeur de Droit canon et par un étudiant étranger.

Mais, il faut voir les choses de près ; le canoniste

(1) Nous ne jugeons pas ici, en Scot, l'écrivain ni le juriste, nous prenons l'homme qui écrivait en 1614, c'est à dire peu de temps après la mort de Cujas, moins de vingt-cinq ans en réalité et qui peut avoir été le témoin des faits dont il parle.

Il y a des juristes qui se sont rués sur Cujas, écrivait il, par effet d'une habitude de jeunesse, *insita sibi ab adolescentia consuetudine reprehendendi, in Cujacium irruerunt* C'est de Bodin qu'il entend parler en ces termes. C'est donc aux faits de Toulouse qu'il fait allusion, car c'est là que, pour la première fois, Bodin adolescent a maltraité Cujas.

Scot parle bien plus énergiquement encore de ces agressions, dans un latin auquel nous vou ons laisser toute sa force. *Primi sola reprehensione, vel etiam propter malignitatem (uti loqui solet Cujacius) scutica digni... . In hos primus et quasi princeps occurrit Bodinus, scriptor Gallicus et non auditæ Reipubl inventor : et cujus malevolentiam jam multæ nationes imbiberunt..... novorum civium hostes lacerat; eodem etiam genio Cujacium persequitur. — Alex Scoti, de controversis Jacobi Cujacii sententiis contra Joan. Bodinum et alios ..* (édit. de Cujas de 1614.)

passionné pouvait lui faire pressentir la portée terrible de ses tendances huguenotes très avérées, et en sens inverse le jeune réformateur devait le déclarer timide et rire de ses résistances au progrès dont il était lui-même le violent apôtre. Il continua, par la suite, à le faire, avec une incroyable dureté.

Une chaire s'offrait à Cahors, sans concours, plus sûrement et mieux rémunérée que celle de Toulouse ; Cujas fut y chercher la paix et le calme nécessaire à sa nature, à son enseignement et à ses travaux.

Sans doute il se rappelait les plaisanteries sinistres de Pantagruel que nous redirons, et il entendait, en gardant ses idées, s'épargner le sort lugubre que plusieurs romanistes de la Faculté subissaient, vers ces temps-là, pour leurs doctrines huguenotes dans les massacres des foules affolées ou par les tortures du bourreau.

Du reste les hostilités étaient féroces des deux parts.

En 1531, trois professeurs de la Faculté de Droit avaient été poursuivis pour leurs opinions religieuses et condamnés, l'un d'eux avait été exécuté sur le bûcher, les autres avaient pu fuir. Nous retrouverons dans la suite, ce fait et bien d'autres.

En 1562, les capitouls protestants avaient prononcé, du même coup, six condamnations à mort contre des catholiques. c'était en première instance : elles furent réformées, comme trop sévères, par la Cour. Deux des condamnés seulement furent pendus.

Il ne faut accuser de ces horreurs et de ces représailles, que les passions du siècle et ne pas rabaisser les juristes qui, vivant au dessus de ces tristesses, n'ont jamais été directement désignés ni par Cujas lui-même lorsqu'il s'est plaint de son sort, ni par personne, que l'on sache, après lui.

Arnaud de Ferrières, le plus influent des romanistes de l'Ecole, et resté pour lui, au contraire, le maître vénéré et l'ami fidèle.

Maran, qui était professeur à la Faculté en 1583, protestait aussi dans les termes les plus acerbes, contre le départ de Cujas. Mais il n'en attribuait pas la faute à l'Université pas plus qu'à des parti pris scientifiques. Il s'indignait, sans désigner personne, contre une ville où un fait si odieux avait pu s'accomplir (1).

Nous partageons son sentiment et nous savons sûrement sur quelles personnes, qu'il n'ose pas nommer, sur quelles circonstances, qu'il n'ose pas indiquer, doit retomber la responsabilité de la séparation.

En 1598, Cabot, professeur de droit civil et recteur, déplorait encore le départ de Cujas et témoignait son respect attristé ; il l'appelait le premier homme de l'époque.

Il en dut être de même de ses admirateurs, de ses élèves de la Faculté, déjà innombrables à ses cours. Beaucoup d'entre-eux le suivirent à Cahors et à Bourges.

***

En 1577 Duranti, alors avocat général, montrant déjà sa belle âme, avait fait appel à Cujas, par l'intermédiaire de Roaldès, pour lui offrir une régence devenue vacante à la Faculté. L'offre fut renouvelée l'année suivante, en 1578, par le président de Saint-Jory, avec l'agrément du Premier Président et d'autres notables de Toulouse.

(1) Voir les péripéties subies par ce texte de Maran et le texte lui-même rapporté par Berriat Saint-Prix, *loc cit.*, p 513

Cujas refusa par une lettre que M. Berriat Saint-Prix a transcrite (1) et dont il dit avoir vu l'autographe.

Le grand romaniste, toujours un peu inquiet, déclare qu'il est mieux à Bourges qu'il ne serait probablement à Toulouse. Il discute les conditions de l'engagement à prendre dans la *Conduite*, comme on disait alors ; son logement que lui donne la ville; son traitement de deux mille livres et le transport de ses meubles. Il est doyen à Bourges, son rang ne lui donnerait pas ce titre à Toulouse. Il parle aussi de l'accueil douteux que lui feraient ses collègues. Ce n'étaient donc pas des adversaires intolérants et déclarés.

« Ce serait me reculer au lieu de m'avancer », ajoute-t il : *quem presentem contempsistis absentem requiretis.*

Ce sont là de bien menus détails, pour le grand homme arrivé à l'apogée de sa gloire scientifique.

Quand on accumule ainsi les petites raisons, c'est qu'on n'en considère aucune comme suffisante par elle-même et s'il en est d'autres que l'on cache, ce sont sûrement les vraies.

Or, la lettre se termine par ces mots : « J'ai plusieurs raisons qui m'en détournent, que je tairai pour le présent »... Puis il propose de prendre à sa place Maran ou Roaldès et ajoute : « *Graviores causas nolo dicere.* »

« Monsieur, je me recommanderai bien humblement à votre bonne grâce et prierai Dieu vous donner la sienne très sainte. »

(1) *Op. cit.*, p. 504.

« Bourges, ce 25 mars 1578. — Votre serviteur très humble, Jacques Cujas. »

***

Nous n'avons pas les mêmes raisons que Cujas pour garder le silence et il nous est permis d'interpréter sa pensée.

Cujas se raprochait, dans sa vieillesse, de plus en plus des Huguenots. Malgré ses actes de culte extérieur, il était tellement suspect qu'il avait dû, en 1573, se faire donner des certificats d'orthodoxie, pour être nommé conseiller au Parlement de Grenoble.

Son testament indique qu'il mourut calviniste (1).

Or, le Parlement de Toulouse s'était montré terrible depuis les troubles de 1562 surtout. On avait été obligé ne lui enlever la juridiction criminelle à l'égard des Huguenots ; mais on la lui avait rendue en 1572. En 1578, précisément, dit Catel, le maréchal de Danville massacrait encore les religionaires autour de Toulouse (2).

C'étaient bien, sans doute, des parlementaires qui rappelaient Cujas ; mais en 1546 Dolet avait été protégé aussi par le Premier Président de Minut, et nous savons qu'en 1617, le Premier Président Le Mazuyer avait donné Vanini pour précepteur à ses enfants. Cela n'empêcha pas que ces protégés mourussent l'un et l'autre de la main du bourreau, l'un à Paris, l'autre à Toulouse.

Les temps n'avaient guère changé que pour s'aggra-

(1) Voir les documents cités par Berriat-Saint-Prix, *op. cit.*, p. 620 et suiv.

(2) Catel, *Annales de Toulouse*, 1578, t. II, p. 552.

ver de 1554 à 1578. Voilà ce que Cujas ne pouvait pas expliquer à ses amis du Parlement, pour justifier un refus précisément, par les mêmes raisons qui avaient, en partie tout au moins, provoqué jadis son départ. Il avait, on le voit, plusieurs motifs pour ne pas présenter dans sa lettre ces considérations, pourtant très légitimes,

Graviores causas nolo dicere.

Nihil pertinet ad edictum prætoris, dirons-nous avec lui. Il voulait, à l'abri de cette formule, garder ses idées religieuses, dans la sécurité et dans la paix nécessaires à ses admirables travaux. La Faculté et la ville elle-même n'en pouvaient mais, et il l'a toujours implicitement reconnu.

Voilà, pour nous, les véritables causes de son départ, comme celles de ses refus de revenir, après vingt-quatre ans d'absence, au pays de son enfance, de ses plus rudes travaux et des premières joies de sa gloire naissante.

Très malheureusement, en un sens, il ne faut pas chercher ailleurs.

*
* *

Sans insister sur la carrière suivie par Cujas, ni sur les œuvres qui l'ont illustrée, nous revendiquons pour notre Faculté l'honneur de l'avoir élevé à la vie scientifique.

C'est de Toulouse et pendant qu'il y enseignait encore, que s'est développée grâce à lui, à la suite d'Alciat, auquel il fut d'ailleurs très supérieur, le mouvement merveilleux de l'Ecole historique. Ce fut une tendance nouvelle et féconde des esprits de se placer au-dessus des détails des textes tronqués, pour en trouver la signification ; d'expliquer les phrases détachées qui forment le Droit de Justinien, en les rattachant à l'œuvre où elles furent prises, en étudiant l'esprit de celui qui les a écrites et en fixant les circonstances qui ont suscité l'œuvre tout entière et chacun de ses détails.

Mettre au service de ce travail les ressources d'une immense érudition juridique et littéraire, la connaissance de toutes les grandes œuvres de l'antiquité et toutes les ressources d'une intelligence hors de pair, c'est ce qui a fait la gloire de Cujas.

Cujas fut, il faut le reconnaître, malgré sa bonté proverbiale, l'objet de beaucoup de jalousies et quelquefois la victime de passions vulgaires que suscitait son caractère hésitant, faible, son esprit absorbé en lui-même et aussi son incontestable supériorité scientifique.

*
* *

On l'a appelé le prince des jurisconsultes, le Papinien français.

Berriat Saint-Prix, dans son admiration exubérante, a été jusqu'à dresser la liste des qualifications laudatives adressées, de toutes parts, à ses œuvres et à sa personne Il ajoute ce trait touchant que, dans certaines universités d'Allemagne, lorsque son nom était prononcé en public, les docteurs se découvraient en signe de respect.

*
* *

Nous avons eu le souci d'entretenir ce culte des souvenirs, en réunissant à la Faculté, les nombreux portraits de Cujas qui nous sont parvenus (1).

Mais c'est plus encore en constituant, sous le patronage de son nom, l'Académie de Législation. C'est par cette Société de juristes de l'école ou du palais, qu'ont été établies les premières relations suivies avec les jurisconsultes étrangers de tous les pays, en vue de la science nouvelle de la législation comparée. On sait quel développement a pris depuis cette initiative provinciale, l'œuvre admirable de la Société de Législation comparée à Paris.

***

Cujas fut connu personnellement, protégé et même comblé d'honneurs, par le chancelier Michel de l'Hospital, qui avait été son élève à Toulouse; par Marguerite de Savoie, fille de François Ier, la Marguerite des Marguerites, qui protégeait le savant absorbé, comme un véritable enfant; par le roi Henri III lui-même, qui le chargea de missions importantes (2).

La ville de Toulouse a élevé une statue de bronze à Cujas sur la place de son Palais-de-Justice.

On a reproché au grand jurisconsulte et à ceux de son temps, de n'avoir pas suffisamment tourné leur esprit vers les préoccupations pratiques de la justice quotidienne. Or, n'est-ce pas rendre à la justice les

(1) Il existe un petit portrait à l'huile, de Cujas, à la Cour d'appel. C'est une œuvre d'art, que l'on a attribuée à Clouet dit Janet. Il est en ce moment dans le grand cabinet des premiers présidents.

(2) Notre collègue, M. Joseph Bressolles, a dépeint dans un très remarquable discours, le caractère touchant du respect et de l'incessante protection de Marguerite de Savoie pour ce grand homme, pour « l'éternel indécis. »

services de l'ordre le plus élevé et le plus nécessaire, que d'expliquer le sens de la loi, sans s'émouvoir d'intérêts spéciaux et par les seules forces supérieures de la pensée, dominant l'ensemble des choses.

*
* *

Mais quelque absorbante que puisse être la haute personnalité juridique de Cujas, il faut rendre à chacun la justice qui lui est due. On s'est singulièrement trompé sur la physionomie de notre école, en ramenant tout à une lutte entre deux méthodes : entre un juriste d'allures nouvelles et d'autres juristes étroitement attachés à Barthole ou aux glossateurs. Nous espérons l'avoir établi par les faits. Voyons de plus près les personnages eux-mêmes.

*
* *

Il ne faut pas croire, en particulier, que les professeurs laissés par Cujas à Toulouse, demeurant dans l'ornière du passé, se soient simplement confinés à l'interprétation étroite des textes du Droit romain, ou aux divisions et subdivisions minutieuses de l'école ancienne.

Ils prirent, au contraire, une part des plus ardentes au mouvement politique et religieux des idées réformistes; les plus célèbres occupèrent les premiers rangs dans ce que nous appellerions l'opposition modérée aux idées dominantes de l'époque.

Six d'entre eux, notamment Jean de Coras et Jean de Boyssonné, furent, comme tels, victimes des passions de la foule ou de celles du Parlement.

*
* *

Cette opposition, ces passions, se communiquaient aux étudiants, dont un grand nombre se laissèrent aller à l'excès, comme c'est le propre de leur âge, et dont plusieurs descendirent jusqu'aux violences sanguinaires, les uns avec les Catholiques, les autres avec les Huguenots, comme on ne le faisait que trop, partout, de ce temps.

Nous ne pouvons guère, ici, que marquer à grands traits le tableau, aux tons enflammés, de cette époque étrange de notre histoire.

Nous tracerons en quelques mots, la physionomie et l'attitude des personnages dans les deux camps, sans sortir de l'école; les modérés d'une part, les extrêmes de l'autre.

Nous placerons au premier rang, Arnaud de Ferrières, le maître à qui Cujas conserva toute son affection et son respect et à qui il le disait en termes touchants.

Il était professeur à notre Faculté en 1540, après avoir étudié à Padoue. Il était revenu à Toulouse avec Michel de l'Hôpital. Il devait être ensuite président aux enquêtes au Parlement de Paris; il fut envoyé comme ambassadeur à Venise, et enfin chargé d'une mission de haute confiance, comme délégué de la France au concile de Trente, avec un autre toulousain élève de notre école, le président Dufaur de Pibrac.

Il écrivit de Venise, à Catherine de Médicis, cette lettre qui donne une idée de ce que fut le maître affectionné de Cujas, en matière de religion et de politique.

« Madame, la vérité est certaine et indubitable que les massacres advenus par tout le royaume..... aussi contre le peuple innocent, ont si fort esmeu et altéré l'humeur de ceux qui sont pas de ce affectionnés à votre couronne, encore qu'ils soyent du tout catholiques, quilz ne se peuvent contenter d'excuse aucune ; imputant tout ce qui a été fait, à vous tant seulement et à mon seigneur d'Anjou : par le moyen sus dict, il sest oté la couronne imperialle, etc.

« ..... Votre majesté est affligée d'avoir vu le roy réduit en telle nécessité qu'il ait été contraint de mettre si avant la main en sang de ses subjects, ce qu'il n'adviendra jamais plus sil plaict à Dieu (1). »

Le futur chancelier l'Hôpital fut, nous l'avons vu, à la même époque, un élève de notre Faculté, il ne l'oublia pas. C'était un Auvergnat, comme son prédécesseur aux sceaux de France, le chancelier Duprat, élève, lui aussi, de notre Faculté de Droit et qui sut se montrer fidèle à ses souvenirs reconnaissants envers ses maîtres. Le premier était d'Aigueperce, l'autre d'Issoire, aux environs de Clermont-Ferrand.

***

Dans le même temps, c'est encore un autre esprit supérieur et un grand personnage que nous trouvons parmi les élèves et puis parmi les maîtres de notre Faculté : Jean de Pins, d'une grande famille de la contrée, devenu évêque de Rieux, avait été chargé par le roi de difficiles fonctions diplomatiques.

Il avait été ambassadeur à Venise en 1515 et en 1523, à Rome, où il fut appelé à jouer un rôle très délicat, à la mort de Léon X et à l'élection de son successeur (2).

(1) Voir : *Le Seizième siècle et les Valois*, par le comte de la Ferrière. Paris, 1879.

(2) C'est lui qui a fait construire l'hôtel de la rue des Chapeliers dont nous avons quelques restes charmants.

C'était, comme il y en avait dans le clergé et aussi dans le Parlement, un vrai catholique, irréprochable dans les plus hautes situations et un esprit très modéré, car il s'efforça d'arracher, aux mains du Parlement et au bûcher, Etienne Dolet, que nous allons retrouver bientôt dans un autre camp.

*
* *

Nous devons signaler aussi, dans cette pléiade de jurisconsultes, Pierre Grégoire, *Gregorius Tolosanus*, professeur à Toulouse, puis à Pont-à-Mousson, qui écrivit, comme Bodin et après lui, un Traité *de republica*, mais dans un sens différent.

M. Etienne Jougla a présenté, en 1899, une intéressante thèse sur les doctrines sociales, politiques, financières, administratives de Grégoire de Toulouse. C'était, comme ses prédécesseurs du treizième et du quatorzième siècle, un partisan de la royauté absolue, à une époque et dans un pays où les doctrines de liberté et de contrôle se faisaient autour de lui, à la faculté même, très vivement sentir.

« Au point de vue de la science, dit M. Jougla dans ses conclusions, il ne le cède en rien à Bodin et, s'il n'a pas la profondeur du jurisconsulte angevin, il n'est guère possible de lui contester l'immensité de son érudition ».

*
* *

Mathieu du Pac, Othon et Caturce, tous les trois professeurs à la Faculté, en 1531, passaient pour avoir embrassé les opinions nouvelles. Ils devaient expier cruellement leur témérité. Mathieu du Pac et Othon, avertis par des amis officieux, des dispositions rigoureuses du Parlement, purent se soustraire par la fuite aux horreurs du supplice; leur exécution n'eut lieu que par effigie. Caturce fut brûlé vif (1).

*
* *

Jean de Boyssonné était, à la même époque, célèbre par son enseignement et ses œuvres; nous avons parlé de son tournoi scientifique avec le professeur italien. Il fut poursuivi comme huguenot et condamné à faire abjuration sur un échafaud, devant la porte de l'église Saint-Etienne, à genoux, moyennant quoi il entra dans l'église et fut absous. Rodière considère sa rétractation comme sincère. Elle se produisit, en tous cas, juste à temps.

*
* *

Enfin, Jean de Coras, dont les œuvres avaient été publiées à Lyon en 1556 et 1558 et forment deux gros volumes in-folio, avait eu un immense succès dans son enseignement. Poursuivi en 1572 par le Parlement, où il était conseiller, il fut massacré, avec deux de ses collègues, au sortir de sa prison, par une populace féroce, au milieu de laquelle, il faut bien le dire, un certain nombre d'étudiants se distinguaient par leur fureur.

*
* *

Voilà, certes, des jurisconsultes qui ne pensaient pas

(1) Vr Etienne Dolet, écolier à l'Université de Toulouse; article de Vaïsse-Cibiel, *Revue de Toulouse*, 1862, p. 462.

uniquement à la glose et qui ne devaient pas interpréter, comme on a pu le dire, les textes au plus près.

*
* *

C'est à l'occasion de ces violences, sans doute de celles de 1531 pour le moins, que Rabelais disait dans son Pantagruel : « De là, Pantagruel vint à Toulouse, où apprint fort bien à dancer et à jouer de l'espée à deux mains, comme est l'usance des escholiers de ladite université; mais il n'y demoura guières, quand il veit qu'ils fesaient brusler leurs régents tout vifs comme harengs saurets, disant : « A Dieu ne plaise « que ainsi je meure, car je suis de ma nature assez « altéré sans me chauffer d'advantaige. »

*
* *

Nous avons déjà signalé la lettre de protestation adressée par de Ferrières à Catherine de Médicis. C'est dans le même esprit que Guillaume de Maran, doyen de la Faculté, publiait, en 1615, une curieuse brochure. C'était une *Remontrance de la nécessité de restablir les Universités*, adressée au roi.

Après avoir indiqué le mal qui les atteint et les abus qui y pénètrent, il ajoute : « C'est la vraie guerre qu'il faut faire à l'hérésie par le glaive et les armes de la science qui sont les plus propres pour la vaincre avec l'exemple de la bonne vie. » Maran se montre ardemment catholique, mais comme on le voit, avec le sentiment vrai des devoirs de l'Etat en cette matière. C'est bien ce que nous avait fait augurer l'examen de sa physionomie, sur le portrait de l'époque.

*
* *

Nous trouverons un peu plus tard Pierre de Belloy, qui fut persécuté et emprisonné par les ligueurs et qui, après de nombreuses péripéties, était devenu l'ami personnel d'Henri IV. Il s'était fait nommer par le roi, avocat général à Toulouse, avait beaucoup agi et beaucoup dit sur Rome, et contre les doctrines qui y étaient admises. Il avait été élève et puis docteur-régent à notre Faculté. Il dit lui-même, dans l'épitre dédicatoire de l'un de ses nombreux ouvrages : *quo circa post tractatam per annos quosdam in academia nostra Tolosana jurisprudentia cum illorum plausu maximo* (*id non diffitebo*).

En 1583, il était pourvu du titre de conseiller. Mais ses débuts dans la magistrature se ressentirent des troubles dont le premier Président Duranti, son ami, devait être victime (1).

Il est difficile, on l'avouera, de trouver, réunis dans un même corps et vers la même époque, un pareil groupe d'esprits distingués et tolérants ou d'hommes à convictions ardentes et qui soient, en plus grand nombre, devenus, par leur valeur de hauts personnages.

Sont-ce là, encore une fois, ces Bartholistes, ces glossateurs obscurs, ces chercheurs de minuties invétérés dans leurs habitudes étroites et qui auraient, pour ces motifs, méconnu la haute valeur de leur maître à tous ?

Ils avaient cherché à le reconquérir ; ils n'étaient certes pas indignes, on le voit bien, de le recevoir et de le garder dans leurs rangs.

(1) Bénech, *Mélanges*, p. 374.

* * *

Même affluence de grands noms dans la jeunesse qui suivait les leçons de pareils maîtres. C'est, à côté de l'Hôspital, Etienne Pasquier, qui fut l'un des esprits les plus sérieux et les plus distingués du seizième siècle, et Henri de Mesmes et d'autres, que nous avons signalés autour de Cujas leur régent. Le chancelier Pasquier a publié les œuvres de son ancêtre, à trois cents ans de distance. L'on y trouve un souvenir touchant des études faites à Toulouse et de Cujas.

C'est Henri de Mesmes qui nous a décrit la vie des jeunes gens studieux à la Faculté, en nous parlant de celle de son condisciple Pasquier

Nous reviendrons plus loin sur les autres et sur leurs mœurs étranges ; ne nous occupons encore que des très touchants laborieux.

Comme les camarades, dit de Mesmes : « ils étoient « debout à quatre heures du matin, et ayant prié Dieu, « alloient à cinq heures du matin aux études avec leurs « gros livres sous le bras, oyoient toutes les lectures, « et ensuite, après leur dîner, lisoient par forme de « jeu, Sophocle ou Aristophane ou Euripide, et quelquefois Démosthènes, Cicéron, Virgilius, Horacius, « et le soir encore, après souper, lisoient en grec et en « latin. »

* * *

Il faut donc, pour nous résumer, affirmer ce qu'écrivait naguère M. Fournol au sujet des publicistes de l'époque (1). « Nous connaissons mal l'histoire du

(1) Quelques traités du Droit public, article par M. Fournol — *Nouvelle revue hsitorique du Droit*, 1897, p. 298 et la thèse du même auteur sur Bodin. Paris, 1896.

Droit romain au seizième siècle, nous en retenons un fait : la renaissance du Droit romain et un nom, celui de Cujas... Nous méconnaissons le caractère de ce siècle, qui est celui peut-être où les querelles savantes furent les plus nombreuses et le choc des idées le plus tumultueux. »

*
* *

Il y avait d'ailleurs auprès de nous, en permanence, une Ecole hautement pratique de politique parlementaire, où les juristes tenaient le haut bout. C'était ces états du Languedoc, considérés par Jean Bodin, par Fénelon, par Tocqueville et par bien d'autres publicistes, comme des modèles de gouvernement. On y discutait librement les impôts, toutes les questions importantes d'administration de la province, et, par le fait même, la politique du roi.

Ces états avaient une telle vitalité qu'ils furent, avec ceux de Bretagne, les derniers à résister à l'invasion du pouvoir royal et qu'ils ne disparurent même complètement qu'à la Révolution.

C'était, avec le capitoulat, où les juristes se multipliaient aussi, des centres de liberté locale très active, et de discussions d'affaires, qui forçaient les savants à sortir d'eux-mêmes, pour se mêler aux difficultés pratiques, aux croisements des idées, aux grandes entreprises, même diplomatiques, du dehors (1).

Les beaux arts, comme de nos jours, étaient hautement cultivés à Toulouse. Les financiers, les parlementaires et les juristes, nous en avons ailleurs fourni

(1) *Toulouse au seizième siècle*, p. 23.

des preuves, étaient leurs protecteurs éclairés et généreux.

Voilà quelques traits de ce que nous avons pu voir chez ceux des maîtres que nous avons appelés les modérés, voyons quelles passions agitaient les autres, dans leurs chaires, sur les bancs de l'École ou dans les tumultes armés des rues et des places publiques.

*
* *

Des esprits élevés, mais que le souffle de la liberté poussé jusqu'à la licence et des passions de tout ordre avaient surexcités, soulevaient autour d'eux la jeunesse. Ils portaient le trouble jusque dans les rangs de ces hommes de haute valeur dont nous venons de grouper les noms.

Ainsi il n'y a aucun doute, nous l'avons vu, que le départ de Cujas pour Cahors ait été motivé, en grande partie, par l'hostilité publique et agissante de Bodin, de ce puissant esprit qui fut un grand agitateur de choses et d'idées.

Jean Bodin, en sortant du collège d'Angers, fut envoyé à Toulouse pour y suivre les cours de Droit. Il ne tarda pas à y faire du bruit. Il attira la jeunesse autour de sa personne. C'était, lui aussi, un érudit, un profond penseur; il est légitimement signalé comme le prédécesseur de Montesquieu. Mais Montesquieu devait lui être très supérieur par la force et la couleur de la pensée ; il le fut surtout par le caractère.

Le *De Republica* de Bodin l'a fait considérer comme un des hommes les plus distingués de ce seizième siècle, où il y en eut tant (1). Mais que de contrastes

(1) Voir FRANCK, *Réformateurs et publicistes*, Paris. M. Lévy, 1864, p. 397 et s. — BAUDRILLART, *Bodin et son temps*, et la thèse de M. FOURNOL, *Bodin précurseur de Montesquieu* Paris, 1896.

extrêmes dans ses écrits et plus encore dans les péripéties de sa vie désorientée ! Il l'a écrit lui-même : le changement était une nécessité de sa nature (1).

Même après avoir quitté Toulouse il continua à poursuivre Cujas de ses diatribes. Il le considérait comme un juriste insuffisant (2).

Il a introduit, disait-il, dans l'École, une méthode

(1) On lui a attribué l'épithaphe de Clémence Isaure gravée sur bronze, qui est, en ce moment, fixée sur le piédestal de la statue, dans la Loggia de l'hôtel d'Assézat-Clémence Isaure. La question a été débattue entre Maynard qui tient pour Bodin, et Catel qui attribue la rédaction à Martin Gascon, avocat. La statue et l'épitaphe ont été depuis l'objet de bien des commentaires.

(2) Voir : *Les six livres de la République*, 3ᵉ édition, 1578 « Epistola Vido Fabro curiæ parisiorum præsidi. Voici ce que nous trouvons dans cette épitre préliminaire. Bodin avait entendu dire qu'il avait été attaqué par Cujas Il répond : Respondendum putem : ac potissimum populari tuo Cujacio : tanta nihilominus iracundia exarsit, ut cum acerba oratione in me invectus esset, nulla meæ dignitatis habita ratione, ad extremum doloris impatiens, universum advocatorum ordinem forensia pecora vulturesque togatos appellaret, etc. . in me singulari quadam contumelia congessit.

« Nous devons à un envoi obligeant de la Bibliothèque de la Sorbonne l'indication des origines et du caractère de cette discussion entre Cujas et Bodin. C'est dans sa Gallia orientalis de *Paulus Colomesius* (1665) que se trouve une lettre de Bongars à Conrad Riter, du 4 avril 1600 d'où nous extrayons le passage suivant : « Venio, inde ad audiendum Cujacium, inaudierat is tangi se a Bodino, librum requirit, is nullus erat apud bibliopolas : mittit ad me, quem historiarum studiosiorem noverat quam juris tribonianici. Librum a me accipit, et aliquot post dies data occasione in hominem publica in lectione insurgit, per duas horas et quod excurrebat oratione perpetua. Recitatio illa à quibusdam ad Bodinum mittitur Is in altera editione epistolam præmittit operi. inscriptam Pibracio, qua *in Cujacium atrociter invehitur*, sed eorum quæ Cujacius notaverat in ista altera editione. nec volam reliquit nec vestigium ». Nous pouvons rapprocher ces mots : « in Cujacium atrociter invehitur, » de ces paroles rapportées plus haut de Scot... « insita sibi d'enseignement spéciale telle, que les professeurs de Droit se sont trouvés séparés des magistrats et des avocats et animés d'un esprit hostile à leur égard. Et Bodin prétendait prendre, contre Cujas, la défense des avocats que Cujas avait appelés, disait-il, des vautours en robe. Lui-même s'accusait d'être tombé dans l'erreur commune. C'était au temps où il enseignait à Toulouse le Droit romain, écrivait-il à Faber.

Bodin, dit un de ses admirateurs, fut à la fois « humaniste, juriste, astrologue, et, d'autre part, successivement huguenot et ligueur ». En 1580, ses livres furent brûlés publiquement. Il fut lui-même accusé de sorcellerie.

Il est certain qu'il soutint d'étranges et même d'effrayantes théories à ce sujet.

Les sorciers méritent le feu; il n'y a aucun doute; mais, ajoute M. Franck (1) en analysant la pensee de Bodin : les plus exposés sont les plus faibles et les plus maltraités du sort : les vieilles femmes, les vieillards, les pauvres gens de la campagne, les bergers surtout et les filles que leur laideur empêche de trouver un mari. Bodin trouve le secret de justifier cette atrocité par la philosophie de Platon. De même que la beauté que nous apercevons en ce monde est un rayon de la splendeur divine, de même, la laideur est la marque de ceux que Dieu a rejetés de son sein ou qui se sont donnés à son ennemi, au prince des ténèbres. De là le proverbe : « Laid comme une sorcière. »

ab adolescentia consuetudine reprehendendi in Cujacium irruerunt, in hos primus et quasi princeps occurrit Bodinus »

Ainsi, nous avons une idée des procédés de Bodin, adolescent et homme fait, envers Cujas.

(1) *Réformateurs et publicistes de l'Europe*, op cit, par Ad. FRANCK, de l'Institut. p 478 —. BODIN, *Demonologie*, liv. III, chap. II, p. 336 de l'édit de 1598.

Avouons qu'on pouvait tout redouter des fantaisies macabres d'un pareil adversaire.

C'est à Toulouse que Bodin se livra aux premières violences de son tempérament; on sent bien quelle agitation dût répandre autour de lui, dans la jeunesse de notre école, le souffle affolé de cet esprit supérieur.

***

Bien au-dessous de lui par le talent, mais bien plus violent dans sa conduite et dans ses paroles, Etienne Dolet, un peu avant, avait ouvertement joué le rôle d'agitateur, lui-aussi, dans cette jeunesse toujours armée pour toutes les luttes.

Vers 1533, Étienne Dolet était venu à Toulouse pour étudier le Droit. Son éloquence ardente l'avait fait désigner comme l'*Orateur* en titre *des étudiants*.

Il avait présenté des vers latins aux Jeux-Floraux, qui les avait trouvés, sans doute, un peu trop *libertins* pour les couronner (1).

Il protesta violemment, sur les places publiques, contre le supplice de Caturce qui était son maître et son ami. Il se livra aux mêmes protestations contre un arrêt du Parlement de 1531, qui voulait proscrire chez les étudiants l'usage de se réunir par Nations.

C'est alors qu'il commença la série de ses diatribes enflammées contre Toulouse. Il devait les continuer longtemps encore après son départ forcé. Il fut arrêté et jeté dans les cachots de la Conciergerie de la ville.

Il écrivit, le lendemain de son arrestation, à Jean de Pins, l'évêque de Rieux, que nous connaissons déjà, que

(1) Nous les avons retrouvés à la suite de l'histoire des Jeux-Floraux, par DE PONSAN, ainsi que des vers de BOYSONNÉ (Bibliothèque des Jeux-Floraux).

nous sommes fiers d'appeler l'un des nôtres, et qui le sauva.

Jean de Pins écrivit à son ami, le premier président Jacques de Minut, une lettre touchante: « Si je ne savais, lui disait-il, combien vous êtes favorable aux bonnes études et aux esprits d'élite qui les cultivent, je ne me permettrais pas de vous écrire : je ne vous recommanderais pas Etienne Dolet, jeune homme d'une intelligence rare et supérieure ; je ne vous prierais pas de le défendre, au milieu de ses périls, par votre suprême et équitable patronage... En attendant Dolet est en prison, victime solidaire chargé de payer pour tous. Il est même sous le coup d'une imputation très grave, puisqu'on l'accuse d'avoir manqué de respect au Parlement. Assez sur ce chapitre, je craindrais de vous importuner. L'ami commun qui vous remettra ma lettre, vous donnera en même temps les plus amples détails sur l'affaire. » Dolet fut immédiatement remis en liberté.

Il faut penser que ce n'est pas seulement le Parlement qu'il avait irrité; car il fut l'objet d'une manifestation publique d'un singulier caractère et qui, à la vérité, n'était pas sans précédents au quartier de l'Université. Une procession burlesque fut organisée, où l'on voyait un porc traîné sur un char de triomphe et portant écrit sous son groin : Dolet (1).

Il partit bientôt ; chassé de Toulouse, il dut ensuite quitter Lyon où il avait créé une imprimerie.

Il fut, malgré l'intervention personnelle de François Ier, brûlé, comme athée relaps, à Paris, le 3 août 1546. Il composa, dit-on, ce pentamètre, en allant au supplice, à la vue de la foule émue de sa jeunesse :

Non dolet ipse Dolet, sed pia turba dolet.

(1) Vaïsse-Cibiel, *loc. cit.*, p 469, et les documents cités à l'appui.

Nous ne voudrions retenir, de cette page sombre de notre histoire, que le souvenir de Jean de Pins arrachant, une première fois, le jeune étudiant au supplice.

***

Nous n'en avons pas fini, cependant, avec les perturbateurs de l'Ecole, ni, hélas, avec les arrêts de mort du Parlement.

Un autre jeune homme de trente-quatre ans, Pomponio Uciglio, c'est-à-dire Vanini, déjà célèbre par ses écrits subversifs, était venu se mêler à la jeunesse de notre Université. Le président le Masuyer n'avait pas craint de le donner comme précepteur à ses enfants. Et néanmoins, ses livres furent, comme lui-même, condamnés au feu. Il avait répandu ses doctrines parmi une jeunesse moins nombreuse déjà et surtout moins ardente qu'à l'époque de Dolet. Mais qu'importait à ses juges implacables ?

Il fut condamné à périr dans les flammes et à avoir la langue arrachée. Il insultait le Christ sur l'échafaud, il résistait au bourreau ; celui-ci lui fit souffrir une atroce torture dont nous répugnons à donner le détail. C'était en 1617.

***

M. Dubédat, ancien conseiller à la Cour, l'auteur de l'*Histoire du Parlement de Toulouse*, en faisant le récit du procès de Vanini (1), a eu raison d'écrire sur cette époque à la fois si hautement civilisée et si

(1) Le procès Vanini, *Recueil de l'Académie de législation*, 1883-84, pp. 19 et suiv.

barbare : « Les supplices réservés à des hommes même épris de la folle et orgueilleuse curiosité de toutes choses, dépassent le but et jettent sur la terrible justice des hommes un jour sombre et dur, éclairé par les flammes du bûcher (1). »

Le spectacle de ces magistrats, hommes de bien pour la plupart et dont quelques-uns furent de grandes âmes, devenant, réunis en corps et sur leurs hauts sièges, des fanatiques sanguinaires, déroute la pensée. Ils devaient croire sans doute, avec un inexplicable aveuglement, que dans ces temps d'orage, là était l'unique moyen de salut. Ce n'était plus la justice.

*
* *

La lutte sanglante, il faut bien le dire à la décharge de leur mémoire, était partout. Il leur semblait que c'était leur devoir de mettre en vigueur autour d'eux des lois martiales et de prononcer des sentences arbitraires. Ils altéraient alors, en tout cas, le caractère de leur juridiction.

Nous avons raconté ailleurs les abominables tueries, les incendiaires brûlant des quartiers de ville tout entiers, autour du Capitole, en mai 1562.

Les capitouls avaient livré par trahison les portes de la ville aux huguenots, et c'était surtout en haine du Parlement, toujours en hostilité avec eux (2), qu'ils avaient commis ce crime.

Des étudiants formèrent plusieurs compagnies et marchèrent par Nations, avec les Huguenots, contre les parlementaires, tandis qu'une autre partie de

(1) *Rec. de l'acad. de législat.*, 1883-84, p. 295.
(2) Vue de Toulouse au seizième siècle, *loc. cit.*

l'Ecole se battait avec ceux-ci et l'armée catholique du Comte de Foix, autour de l'Hôtel-de-Ville et de l'hôtel de Pierre d'Assézat.

*
* *

M. Guizot a dit lui-même en racontant, pour ses petits enfants, ces mêlées politiques et religieuses : « Là où ils étaient les plus forts, et où ils avaient, soit des vengeances à exercer, soit des sécurités à prendre, les protestants n'étaient pas plus humains, ni plus patients que les catholiques (1). »

Telle est la vérité douloureuse qui doit éclairer tous les détails de ce lamentable côté de notre histoire.

*
* *

Nous avons vu, de temps à autres, les étudiants de la Faculté de Droit se mêler aux tristes événements que nous venons de décrire. C'est le moment de les considérer à leur tour de plus près et d'aller, encore une fois, les retrouver chez eux.

*
* *

Nous connaissons la scène : c'est le quartier de l'Université, avec ses monuments énormes très rapprochés, ses rues bizarres et son aspect coloré. Voyons à l'œuvre les étudiants qui ne la quittent guère, que quand il faut regagner leurs foyers plus ou moins lointains.

Un grand nombre d'entre eux travaille dans les modestes logis loués au tarif fixé par l'autorité, ou dans

(1) T. III, p. 295.

les collèges ou bien aux *estudes*, où certains cours les attirent à cette époque, en foule et par milliers.

Si l'on en croit ce que nous a dit Henri de Mesmes, avec ses amis : Pasquier, L'Hôpital et bien d'autres, ils travaillent comme on ne le fait plus de nos jours et sans autre distraction, que la lecture des écrivains de l'antiquité, de quatre heures du matin jusqu'à la nuit et encore le soir après le souper.

***

Mais tous les jeunes gens ne pouvaient pas se plier à un pareil régime ; il y en avait qui trouvaient du temps pour tout ; et d'autres qui n'en trouvaient guère que pour boire et pour battre, comme faisait, dans sa province méridionale, le roi galant, en sa jeunesse.

Les Universités d'Allemagne n'ont pas eu, de tout temps, comme aujourd'hui, grâce à Dieu, le monopole des étudiants aux mœurs batailleuses, avec les grandes épées, les duels incessants suivis de danses et de banquets.

Bien avant le seizième siècle, Pantagruel aurait pu venir apprendre à *dancer et à jouer de l'espée à deux mains*.

Il aurait pu même, comme les autres, échanger quelques horions, dans les mêlées dont le quartier était presque chaque jour le théâtre.

Et il n'y avait guère là que des étudiants en Droit. Les documents ne parlent que d'eux, comme nous allons le voir ; c'est ce qui nous donne à penser que nous ne sortons pas du terrain que nous devons explorer.

***

Malgré l'arrêt du Parlement de 1531, vilipendé publiquement par Dolet, les étudiants avaient conservé les groupements en Nation, organisées, d'ailleurs, depuis bien longtemps à Paris.

Rien de plus naturel, dans ces milieux animés et très diversement cosmopolites. Mais quelle est la chose si bonne, qu'elle ne puisse facilement dégénérer en excès dangereux et cela, en proportion même de la vitalité de son origine. *Optimi corruptio pessima*. C'était vrai pour bien des choses, dans ce temps.

En corps de Nations, en groupes religieux ou sympathiques, ou même de leur initiative personnelle, après avoir bu et festoyé, presque toujours les armes à la main, les écoliers prenaient parti pour tel de leur maître contre tel autre, ils se querellaient de nation à nation, se battaient les uns avec les huguenots, d'autres avec les catholiques, avec les parlementaires ou avec les *libertins*. Ils manifestaient bruyamment avec le peuple ou contre lui, se laissant entraîner même, avec la foule, jusqu'aux intolérances sauvages et au crime.

Ils ne se mettaient guère d'accord, dans leur esprit de *combativité*, suivant une expression moderne, que pour maltraiter les milices, les *fourrous armés* des capitouls et surtout leur police détestée.

Et comment cette jeunesse si nombreuse, si vivante, si étrangement resserrée dans le même quartier de ville, aurait-elle pu résister aux entraînements, à la parole brûlante des Bodin, des Dolet, des Vanini, des professionnels de la protestation qui venaient de partout, se mêler à leurs foules bruyantes et les traiter soit en camarades soit en maîtres.

* * *

Au surplus, il ne faudrait pas croire qu'en ce temps où les voyages étaient si difficiles, chacune des Universités vécut isolée et uniquement de sa vie propre.

Malgré les périls des chemins et souvent à travers les obstacles de la guerre, les jeunes gens couraient d'un pays à l'autre, seuls, par groupes et parfois à la suite de leurs professeurs. Ceux-ci changeaient eux-mêmes facilement d'Université et entretenaient entre eux, par ces uniques moyens, des relations actives et incessantes.

On allait à Padoue, à Milan, ou à Rome, ou à Toulouse, ou à Bourges, voir même en Espagne, en Portugal, ou enfin à Paris.

On développait, par ces contacts personnels, toutes les sciences, mais aussi toutes les disputes de l'époque. Comme toujours, les violents avaient l'avantage, dans cette propagande organisée de doctrines religieuses, sociales et politiques, activement poussées à la réforme et à la révolte.

* * *

Il n'y avait que peu de livres, pas du tout de journaux ou de revues, ni aucun moyen semblable à notre poste, pour assurer la circulation des hommes et des choses. Et c'est ce qui explique non seulement les voyages, mais aussi le nombre vraiment étonnant des jeunes gens, dans certaines villes et particulièrement à Toulouse. Les Universités d'ailleurs et les moyens d'instruction étaient beaucoup moins nombreux que de nos jours. C'est là qu'était la vogue.

* * *

Pour être sûrement exact et pittoresque, comme il convient, dans la description de ces masses étranges, nous ne saurions mieux faire que de nous rattacher à un document original à peu près inconnu, inédit et d'un rare intérêt.

C'est la chronique manuscrite de la Nation de Provence, rapportée annuellement pendant plus de soixante-dix années, de 1558 à 1630, par les étudiants de la Faculté de Droit, dignitaires, dans la hiérarchie de cette puissante nation (1).

Ce petit volume est intitulé : *Livre des choses advenues à la très noble et très antique nation de Provence depuis 1558.*

La nation de Provence comprenait les étudiants originaires du Comtat, Nice, Savoie, Genève, Bresse, Italie, Malte, les îles catholiques de l'Orient. Les étudiants venus de là étaient inscrits, bon gré mal gré, sur le livre de la nation : ils étaient tenus de faire hommage au prieur, ou, comme on disait, de le *reconnaître*.

Mais il y avait beaucoup d'autres Nations à Toulouse. C'était, par exemple, les Alliances de France où se classaient les Parisiens, les Poitevins, les Bretons, les Périgourdins, les Limousins, les Auvergnats, les Bourguignons. D'autre part, c'étaient

(1) En 1890, M. Baudouin, le savant archiviste de la Haute-Garonne, a ajouté aux études remarquables qu'il avait déjà faites sur l'Université devant l'Académie des sciences, une communication sur ce précieux manuscrit (*Mémoires de l'Académie des sciences*, 1891, p. 480) : « Il appartient, dit-il, à la bibliothèque des jésuites de la résidence de Toulouse. Il me fut communiqué par le P. Cros, un érudit de haute valeur que je voyais souvent aux archives de la Haute-Garonne, où il recueillait les matériaux pour l'histoire de son Ordre. » Suit la description du manuscrit.

les Alliances des Gascons, Languedociens et Rouergats. Il est aussi souvent mention des nations d'Espagne, d'Allemagne, d'Angleterre « estans venus de diverses et lointaines nations pour apprendre et s'adonner à la *loy civile.* »

« Chaque groupe d'alliés, dit M. Baudouin, avait son prieur et son sous-prieur, élus, tous deux, à la majorité des suffrages, parmi les antiques de la nation les plus expérimentés, les plus braves et surtout les plus exercés au maniement des armes. On fêtait l'élection de « Monsieur le Prieur » en lui faisant cortège par les rues de l'Université et de la ville, avec une bande de musiciens, hautbois et violons. »

Le manuscrit des Provençaux porte quelques noms devenus célèbres : Riquetti de Mirabeau, Castellane, Isnard. Les Marseillais paraissent avoir joué un rôle particulièrement actif dans leur nation.

Qu'était donc devenue l'Université de Montpellier? Elle avait la gloire de son École de médecine ; mais qu'était son École de Droit si prospère au temps de Placentin et jadis si florissante, alors qu'à Toulouse se groupaient les étudiants accourus, sans s'arrêter à elle, de Provence, d'Espagne, d'Italie et des îles orientales de la Méditerranée? Qu'étaient, d'autre part, l'Université de Cahors, celle de Bourges, puisque le courant passant au-dessus d'elles, nous amenait l'Alliance de France, c'est-à-dire l'Est et l'Ouest, jusqu'aux Bretons, aux Bourguignons, avec même des Parisiens et des Anglais? Tout cela ne démontre-t-il pas qu'il n'y avait rien d'exagéré dans la renommée de notre Faculté?

Les étudiants circulaient beaucoup, il est vrai : ils allaient chercher au loin leurs maitres. Les Universités dont nous parlons et dont quelques-unes étaient très prospères, devaient arrêter aussi une partie des voyageurs Mais elles ne les retenaient pas tous : ou, du moins, s'ils s'arrêtaient, cela ne les empêchait pas de pousser ensuite au-delà, jusqu'à nous.

***

Maintenant que nous le voyons peuplé de ses habitants, on peut mieux imaginer ce qu'était ce quartier des études, *ce lieu sacré*, déjà si pittoresque par lui-même et si plein de contrastes.

On y travaillait assurément, avec une ardeur austère et parfois sans mesure, mais on y riait aussi et l'on s'y amusait bruyamment et l'on s'y querellait. Le manuscrit ne confirme que trop ce que nous avons déjà dit à ce sujet, et nous explique, par des faits précis, pourquoi la prohibition de porter des armes était si souvent renouvelée par les chanceliers, les papes ou les rois.

Les conflits, même en armes, y étaient très fréquents.

Pourtant on poussait, comme de nos jours, à l'arbitrage entre particuliers ou entre Nations Dès qu'une difficulté survenait on nommait des arbitres.

C'était, par exemple, dans un conflit survenu, en 1571, le prieur de Bretagne, le prieur de Gascogne, le sous-prieur du Languedoc d'une part, et, d'autre part, le prieur d'Auvergne, le sous-prieur de Bourgogne, un escolier Gascon.

Leur sentence fut rendue. Alors, dit le chroniqueur provençal : « Messieurs de nostre nation, doivent aller à la messe et se trouver le lendemain avec leurs espées et bon équipage au logis de Monsieur le Prieur..... par ville, en belle ordonnance avec auboys, accompagné d'une fort belle troupe de la dite nation, tant en allant qu'en revenant..... où on fut honorablement traité, abondance et belle diversité de viandes. Et l'après-diné le bal fut dressé avec belle troupe de damoiselles, où se sont trouvés les bons baladins qui ont décoré et donné réjouissance à toute la compagnie d'une infinité de cabrioles et pirouettes ».

Le nombre des escoliers était considérable. C'était intéressant à voir de près, puisque ces belles troupes étaient de provenances si variées, de l'Angleterre à l'Espagne, du Ponent au Levant, en passant par la docte Italie. Or, dans cet état militant des esprits, chacun conservait soigneusement les usages et les costumés de sa nation. Tout cela devait prendre couleur, aux jours de fêtes surtout, et on sait s'ils étaient fréquents.

*
* *

Ces Nations pouvaient bien servir à créer de touchantes relations d'amitiés juvéniles, des groupes très unis ; mais entre elles, il faut bien le dire, elles étaient toujours prêtes à la bataille et se préoccupaient, dans leurs conseils, surtout de rivalités, de luttes et de combats.

Comme dans les villes légendaires des Universités allemandes, le duel y était à l'état endémique et normal, sans y être, d'ailleurs, souvent meurtrier. On y employait pourtant toute espèce d'armes, jusques et y compris, nous l'avons vu, le poignard, l'épée à deux mains.

Le manuscrit raconte plusieurs de ces duels, pour la seule nation de Provence. Voici la fin de l'un d'eux qui n'aurait assurément rien de très correct, de nos jours, mais qui donne une idée saisissante de ces mœurs quelque peu barbares des *nationaux*.

Un étudiant, Crespin, de Chambéry en Savoie, refuse de *reconnaître*, en passant auprès de lui, le prieur de Provence; on organise incontinent, dans la rue même, un combat à l'épée. « Le combat fut entre notre Prieur et Crespin, et les autres étaient spectateurs ».

« ... Crespin vint à lui, tenant son épée à deux mains pour être plus assuré de faire le coup. Toutefois, notre prieur, hardy qu'il estait, para le coup et fist passer l'espée de son ennemi sur l'épaule et le joint au corps, si, qu'ils ne pouvaient plus se servir de leurs épées. Et s'estants quelque temps efforcés, Crespin fut porté par terre, ayant la teste dans la boue. Le prieur, qui ne perdit pas temps, luy mit le pied sur la gorge, résolu à l'estouffer, mais il employa le reste de la force qu'il avait pour lui crier mercy et lui demander la courtoisie. A grand peine pouvait estre entendu, ayant la bouche presque pleine de boue. Notre prieur lui fit la courtoisie, à condition que, l'ayant laissé lever, il lui fist l'accolade en signe de recognaissance, comme il est observé *par nos bonnes coutumes*... Cela fait, d'autant que tous criaient au guet et que de trois cents personnes qui étaient spectateurs il n'y avait celuy qui n'eut le guet en bouche, notre prieur se retira en ayant donné le bonjour à M. le Prieur de Languedoc et à l'antique de Bourgogne qui les avaient vu faire... »

Ainsi trois cents personnes, le prieur du Languedoc, l'antique de Bourgogne sont là et assistent impassibles à ce combat improvisé et brutal. Mais tout fut fait suivant *nos bonnes coutumes*, dit simplement le narrateur, et il passe.

Plusieurs faits du même genre, sont racontés avec la même simplicité, le même calme, dans cette chronique qui ne concerne qu'une seule nation; et ne nous dit pas ce qui se passait en même temps, pour toutes les autres.

*
* *

Mais bien plus graves encore étaient les mouvements d'ensemble, les batailles de nation à nation, ou encore des nations alliées toutes ensemble, contre l'autorité capitulaire.

Il leur arivait de faire des *Estudes*, c'est-à-dire de la Faculté, leur quartier général, et de s'y fortifier.

Un conflit étant survenu entre les nations françaises, d'une part, et les nations provençales et gasconnes, de l'autre, en 1571 : « Messieurs de Gascogne et de Provence estant délaissés de la nation de Languedoc sont venus trois jours après, en bon équipage. dans les *Estudes* : M. Cochon, prieur de Gascogne, avec sa troupe armée de corselets, hallebardes, espées à deux mains et autres armes, du costé du Bazacle, et M. le Prieur de Provence, armé d'un corps de cuirasse, l'hallebarde au poing, avec sa troupe aussi, bien armés jusqu'aux dents, de l'autre côté du Peyrou, tendant vers la croix. Là où arrivés, se sont arrêtés long espace de temps... Et voyant nos gens que pour lors il n'y avait ordre, se retirèrent, ou fut dit que tous se trouveraient le lendemain avec leurs armes pour se rendre maître des *Estudes*. Ce que fut fait, et par ainsi firent quitter la place aux dits Français, lesquels ont été si bien poursuivis que, dans leurs propres logis, avaient des soufflets, coups de pied et étaient désarmés. » Cette fois, du moins, il n'y eut pas d'effusion de sang. La même querelle dura trois ou quatre mois, où tous les jours il fallait être en armes.

Enfin, on fit la paix, on en régla les conditions, et le récit se termine par ces mots inattendus : « Fait à la présence de M. Forcadel, un des docteurs-régens et dans sa maison. Voilà comment les affaires sont passées. »

On est surpris de voir un professeur au milieu de cette bagarre, mais on comprend que les maîtres eussent un très vif intérêt à faire rentrer l'ordre dans les études et la paix entre leurs bouillants auditeurs.

Il faut se souvenir que Forcadel avait un de ces immenses auditoires où les élèves assidus, toujours respectueux au cours, se comptaient par milliers.

On se demande où de semblables assemblées pouvaient se tenir. Les couvents du voisinages avec leurs énormes salles voûtées, leurs églises, celle des Cordeliers, toute proche, par exemple, ou les collèges des environs devaient venir en aide à l'insuffisance des Estudes.

*
* *

Il y eut d'autres prises d'armes, dont quelques-unes furent sanglantes, pendant ces mêmes années. On peut s'en rendre compte par la teneur de l'arrêt que nous transcrivons afin de ne laisser aucun doute sur ces tristes choses. On pourra voir que l'arrêt de 1531 sur les nations, blâmé par Dolet, était resté lettre morte.

L'arrêt indique bien, au surplus, la hauteur dédaigneuse avec laquelle le Parlement traitait les capitouls. Nous avons signalé les effets déplorables de ces injures officielles et souvent injustes, envers les magistrats municipaux, toujours très entichés eux-mêmes, il est vrai, de leur dignité passagère et de leur noblesse de fraiche date et aussi, quelquefois, jusqu'à la cruauté, de leur droit de juridiction criminelle.

« Jeudy, 26e d'avril 1582, en la grand chambre....

« La Court, pour obvier aux désordres, meurtres et inconvéniens cy devant advenus à raison de ce que les capitouls et aucuns autres magistrats de ceste ville se sont ingérés aller avec leur famille et ministres, armés de arquebuzes, halebardes et autres harnais, ès escoles de droicts, les jours et heures des lectures; et aussi de ce que aucuns escoliers ont porté et portant espées et autres armes ès d. escoles, et combattre en ville ou ès environs, soubs prétexte de querelles le plus souvent esmenées par les prieurs et soubs prieurs des nations; dont sont advenus les d. désordres, murtres et autres excès : faict inhibition et défense aux d. capitouls et autres magistrats, leurs officiers et ministres de aller avec armes à feu ou autres ès d. escoles, ne à cent pas es environs d'icelles, les jours et heures des lectures, sans exprès commandement de la Court; et ce, à peine quant aux d. ministres et sergents de la hart; et quant aux d. capitouls et autres magistrats, de privation de leurs charges et autres arbitraires.

« Si a faict aussi défenses à tous escoliers de pourter espées ou autres armes ès d. escoles ou ès environ d'icelles, ni ailleurs par la ville, et de se entre quereler ou entre-battre, ne faire aucuns prieurs ou soubs prieurs de nations; et à ceuls qui sont jà créés, s'en dire ou faire aucuns actes de prieurs ou sobs prieurs; ne faire aucunes assemblées, troubles ou empêcher les lectures, exiger des escoliers aucunes sommes, soubs prétexte de bienvenue ou autrement sur peine de prison, bannissement et autre arbitraire; leur enjoignant se maintenir en toute modestie et se rendre assidus à l'audition des d. lectures. Et à ce que, tant les d. capitouls que escoliers et autres ne puissent à l'advenir prétendre ignorance des dites défenses et contenu en cest arrest, a ordonné la Court que lesd. prohibitions pourtées par icelluy, de ne aller avecques armes és d. escoles, seront gravées en une pierre que sera mise et posée et une des portes des d. escoles. Néanmoins que aux articles du serment que les d. capitouls ont accoustumé prester à leur réception en la d. charge, sera ajouté qu'ils ne iront es d. escoles ou cent pas des environs d'icelles, avec leur famille sergens ou autres ministres, pourtans armes à feu ou autres, sans exprés commandement de la Court, comme dict est. Et au surplus que ces arrest sera publié, et les défenses faictes par proclamation publique ès rues et carrefours accoutumés de faire les criées et proclamations en la d. ville et cité de Toloze.

« DURAND, signé (1). »

***

Et cependant, nous l'avons dit, on pensait à travailler, et cela au moins en apparence, même dans les rapports des nationaux à l'intérieur.

En l'année 1574 nous trouvons cette mention : « Affin que chescung fut curieux de employer son temps à l'estude et de faire son profit en la Faculté de la jurisprudence et du Droit, a esté ordonné par M. le Prieur, du consentement de tous comme le trouvant fort bon, que particulièrement entre nous, de notre nation, chacung interpréterait une loi ou un paragraphe, tel que

(1) *Archives du parlement*. Reg. B. 85, folio 345.

lui serait baillé, et en ferait une lecture ou deux aux estudes... suivent quelques noms avec les sujets... la loi Centurio § de Vulgar, a interpréter par M. Fiacre Trichaut de... et M. Gibert des Martigues et M. Jacques Fabre de Pertuis argumentant..., etc. »

*
* *

Nous ne saurions terminer ces citations, sans ajouter, comme un signe intéressant d'attachement aux choses du droit et aux maîtres-régents, ces deux singulières mentions.

C'est en 1567, « le temps donc envoya deux très horribles éclipses audit mois de septembre; l'un au commencement l'autre à la fin. Car au commencement nous osta le ferme pilier de cette Université, c'est à savoir, M. Fernand père, s'il faut ainsi dire, des écoliers et patron de l'Université, lequel après avoir lu et interprété les lois avec très grande renommée, l'espace de 30 ans aux estudes de Tholose, passa de cette vie mortelle, à une immortelle. »

« Le second éclipse nous fut envoyé à la fin dudit mois par la rébellion de ceux de la nouvelle prétendue religion, autrements appelés huguenots... à l'occasion de quoi ayant été fermées les escoles de la présente ville de Tholose, s'en allèrent, presque tous les escoliers, les uns se retirant à leur maison, et les autres prenant les armes pour le roy. » Les études furent en effet fermées.

*
* *

Et puis nous trouvons, hélas ! le récit des massacres de Jean de Coras et de ses compagnons, auxquels nous avons vu les étudiants malheureusement mêlés.

Le narrateur ajoute : « Et certainement si je dis que les principaux qui consécutaient le massacre estaient escoliers, ce sera à grand regret. Car c'est chose pitoïable de entendre les enfants de Minerve, humaine et benigne, se rendre enfans de Mars le cruel et sanglant, que autrement lon povait procéder à la mort de telles gens ».

Telles étaient les mœurs de cette jeunesse, de cette Université que la Nation de Provence célèbre, en terminant ainsi, dans ses annales :

« La renommée ne se contentant pas de transpercer les Alpes, accommençait de voler par tout le monde, pour y être l exercice des lois si florissant, quelle attirait à soi non seulement ceux dud. royaume, mais aussi toutes les nations estrangères qui avaient désir de s'adonner à telle profession ».

* * *

Cependant, par l'habileté du Béarnais, les esprits se calment, comme partout, à l'Université et à la Faculté de Droit. Mais l'éclat des temps anciens allait s'effacer pour longtemps.

Un arrêt du Parlement du 19 janvier 1598 ordonne que l'un et l'autre Droit serait désormais enseigné indistinctement par tous les professeurs, dont les traitements seraient, par conséquent, tout à fait égaux. Le casuel des civilistes proportionnel au nombre des élèves, dépassait trop, paraît-il, celui des canonistes.

Le Livre Rouge dont nous avons parlé n'est pas le seul des anciens registres conservés à la Faculté. Il en existe un certain nombre depuis 1561, ou nous pouvons retrouver, non seulement les noms et les signatures des professeurs, mais encore une longue série d'actes scolaires et de certificats, dans le détail desquels nous ne pouvons guère pénétrer, que pour en signaler le formalisme solennel et religieux. Les serments reviennent partout, on pourrait dire, au commencement et à la fin de toutes les actions.

*
* *

Nous serions injustes envers le seizième siècle si nous devions nous arrêter sous l'impression de lamentables souvenirs. Il a mérité d'être appelé le siècle de la Renaissance, et c'est sous son aspect glorieux que nous en devons conserver la mémoire.

Et c'est justice pour l'histoire de notre Faculté, comme pour celle de la France et de la société civilisée tout entière.

Ce fut il est vrai, chez nous, le siècle des combats fratricides et des abominables tortures; mais, par un de ces contrastes qui déconcertent l'esprit, ce fut un de ceux qui ont le plus honoré, sous d'autres aspects, l'histoire de l'humanité.

Nous ne pouvons que rappeler ici, ses illustrations dans les lettres, dans les sciences, dans les arts; et quel triomphant retour il amena pour les races latines, dans cet éveil soudain de haute civilisation.

Quelle force de vie intellectuelle et artistique silencieusement accumulée par le temps, éclata comme d'un même coup, à travers tous les obstacles matériels, dans le cœur de l'Europe centrale : dans le nord de l'Italie, dans l'Allemagne vers l'Occident et dans la France tout entière.

Les Universités sorties de l'Église avaient préparé, avec elle, ce mouvement merveilleux.

A Toulouse, en particulier, comme dans les villes italiennes, il s'éleva triomphant au milieu du choc des querelles locales, à côté des disputes, du bruit joyeux et des révoltes armées du quartier des Écoles. Il fut assez fort pour résister à la terreur, aux coups redoublés du Parlement, aux tortures des bourreaux et même aux horreurs de la guerre des rues.

A travers tant d'obstacles accumulés, les esprits s'élevaient ensemble vers les régions supérieures, et l'instinct populaire, entraîné à son tour, personnifiait chez nous, en *La Belle Paule* et en *Clémence Isaure*, le culte de la beauté plastique et de la poésie.

Et pour rester dans notre domaine, nous n'aurions qu'à redire les grands noms de ceux qu'attira la renommée lointaine, à notre École.

Elle non plus ne fut étrangère ni aux lettres, ni au goût pour les plus nobles beautés de l'art.

En parcourant nos rues si riches des merveilles architecturales du Moyen Age et des beaux souvenirs de la Renaissance, on peut s'en assurer.

Ce sont trois des nôtres qui, rivalisant avec les capitouls, les financiers et les parlementaires de la Renaissance, ont élevé trois des plus artistiques et des plus riches demeures que les âges aient respectées, pour l'honneur de notre passé toulousain. Jean de Bagis, Béranger Meynier, Jean de Pins se montrèrent, en construisant leurs hôtels encore admirables, des artistes généreux, en même temps qu'ils étaient de savants juristes (1).

(1) Béranger MEYNIER, fit construire, en 1515, son hôtel (rue du Vieux-Raisin, 32, hôtel de Lasbordes). — Jean de PINS, mort évêque

Et par une harmonie étrange, qui semble avoir traversé les siècles en les dominant, le plus beau des monuments toulousains de cette époque est devenu la demeure somptueuse de ceux qui représentent aujourd'hui le culte libre de la science, des lettres et des beaux-arts auprès de notre vieille cité, toujours jeune et toujours généreusement vibrante, dans la paix et la réconciliation des âmes.

TROISIÈME PÉRIODE

DE LOUIS XIV A LA RÉVOLUTION FRANÇAISE.

Autorité du Roi et des Parlements. Diminution de la Faculté par le nombre des élèves et par le caractère de l'enseignement. Réglementation minutieuse. La chaire de Droit français.

Nous n'avons aucun fait saillant à ajouter à ce que nous avons déjà dit de la première partie du dix-septième siècle. Mais quelques noms de professeurs méritent d'être mis en relief.

C'est d'abord Vincent Cabot qui, après avoir été professeur pendant quatre ans à Orléans, occupa, pendant vingt-deux ans, une de nos chaires de Droit civil, à laquelle l'avait fait nommer le président Dufaur de Saint-Jory. La manière dont il entendait ses devoirs prouve bien que l'ardeur des luttes du seizième siècle

de Rieux, édifia le sien vers 1530 (rue des Chapeliers, 16). — Enfin Jean de Bagis, qui fut conseiller au parlement, fit construire, en 1538, la plus belle partie de l'Hôtel de Pierre (rue de la Dalbade, 25).

s'éteignait : « Je suis gagé du public, disait-il avec trop de modestie, pour enseigner avec fruit et non pour paraître vainement éloquent ou savant. »

Il publia un grand nombre d'ouvrages énumérés dans la biographie toulousaine.

André Gallus (Le Coq) fut spécialement autorisé, par lettres patentes, à cumuler les fonctions de conseiller au Parlement et de professeur à la Faculté. On trouve sa signature, en qualité de recteur, sur le diplôme de bachelier en théologie de saint Vincent-de-Paul (12 octobre 1604).

Jean de Lacoste (*Janus a Costa*) est plus connu ; son ouvrage sur les Institutes de Justinien a été réimprimé à Leyde en 1719. Il professait à Toulouse dès 1614.

On peut signaler aussi Pierre de Taillasson et Jean de Majoret. Mais leurs œuvres eurent le caractère que nous avons indiqué comme celui de l'époque. C'était l'inventaire du passé, la mise en ordre des idées qui s'y étaient si vigoureusement répandues jusque dans le monde entier, plus que des travaux originaux et personnels.

La renommée de Dadin d'Hautesserre qui professa à Toulouse de 1648 à 1682, après avoir professé à Cahors, est d'une portée supérieure. Ses œuvres ont été délaissées parce qu'elles ont été écrites en latin et sur des questions anciennes, mais ses travaux furent, à leur époque, pleins d'actualité et de vie.

Sa *Réponse au Traité de l'abus* de Févret lui valut une très grande considération dans le haut clergé dont il avait été le représentant à cette occasion ; il soutenait l'autorité du Pape, comme il avait soutenu celle du roi dans ses deux ouvrages sur les *Ducs et les Comtes* et sur l'*Origine des Fiefs*. Il défendait contre les grands seigneurs, un jeune roi de cinq ans menacé par les factions. Son *Histoire d'Aquitaine* a fourni d'innombrables et précieux documents aux savants bénédictins de l'histoire du Languedoc.

Ses travaux, d'une immense érudition et d'une très grande hauteur de vue tant en Droit romain qu'en Droit canon, ont été réédités à Halle en 1709, à Naples en 1777. M. Tamisey de Laroque a publié, en ces derniers temps, une curieuse correspondance du savant professeur de Toulouse avec les plus grands personnages de l'époque.

M. Tamisey de Laroque a donné quelques détails intéressants sur la vie de Hautesserre. Il nous apprend que sa nomination à la Faculté date, non de 1644, comme on l'a dit, mais de 1648. « Deux ou trois misérables envieux, ajoute-t-il, s'efforcèrent d'empêcher une nomination qui fut surtout l'œuvre du chancelier Séguier et qui lui fera toujours honneur » (1).

*
* *

L'Université de Toulouse et spécialement la Faculté de Droit paraissent avoir singulièrement préoccupé Louis XIV à divers points de vue.

Et cependant le nombre des élèves et leur ardeur à l'étude avaient beaucoup diminué.

Les registres constatent qu'en 1639 il y eut soixante-un docteurs et neuf licenciés en Droit civil; plus trois docteurs *in utroque* et un licencié seulement en Droit canon; qu'en 1652 il y eut quarante-un docteurs et

(1) Voir aussi la notice sur la vie et les écrits d'Hautesserre par M. Rodière, *Rec. de l'Acad. de législ.*, t. VI, p. 378, et l'article spécial dans le livre du même auteur : Les Grands jurisconsultes, p. 325.

neuf licenciés en Droit civil ; six docteurs *in utroque* et un docteur en Droit canon.

En 1658, le cours des professeurs le plus suivi avait jusqu'à cinquante ou soixante écoliers seulement. Nous sommes loin des foules cosmopolites et tumultueuses de la Renaissance, et nous constaterons la diminution presque incessante pour les années qui suivent.

*
* *

L'esprit turbulent était pourtant resté, dans les conditions fâcheuses du passé. On avait dû rendre, en 1645, une ordonnance royale « défendant aux écoliers de Toulouse de s'attrouper, de porter des armes, ni de sortir après neuf heures de nuit en été et sept heures en hiver ».

Ce n'était ni chez les maîtres ni chez les élèves, l'ardeur d'antan pour les idées et les doctrines, c'était le désordre, sans la flamme généreuse qui l'ennoblissait, le plus souvent, au temps de Cujas et de l'Hospital.

*
* *

Il fallait se relever de ces décadences à tout prix. On le tenta d'abord, en entourant l'Université de faveurs de tout ordre.

En 1657, une ordonnance du roi confirmait, par exemple, l'exemption pour les docteurs-régents et professeurs de l'Université de tout impôt.

En 1666, le Parlement déclarait, dans un arrêt, qu'ils avaient la préséance sur le juge Mage et les autres officiers du présidial de Toulouse.

*
* *

Vers cette époque se place un précieux document qui nous renseignera de la façon la plus exacte sur l'état de notre Faculté.

C'est un manuscrit de la bibliothèque de l'Arsenal dont M. Jourdain a publié le texte en l'éclairant de quelques indications préliminaires (1).

(1) *Journal des Sociétés savantes*, 1862, deuxième semestre, pp. 314 et 406. Le manuscrit est inscrit sous le n° 823, H. F. Il porte sur parchemin, l'original du rapport d'Henri d'Aguesseau, précédé du rapport des commissaires nommés par le roi, pour faire connaître l'état des Universités de Toulouse et de Montpellier. Une copie de ces deux documents est conservée à la bibliothèque de la ville de Toulouse, n° 93.

Le recueil des manuscrits concernant l'Université de Toulouse nous a été communiqué par la bibliothèque de l'Arsenal (n° 5759) ; il contient les pièces relatives à la mission de d'Aguesseau à Montpellier et à Toulouse dont nous avons parlé. On y trouve notamment les observations des professeurs de la Faculté de Droit. Un mémoire de 26 grandes pages in-fol. signé par Louis de Froidour... subdélégué par M Daguesseau... pour l'exécution de l'arrêt du Conseil de septembre 1679. Le mémoire commence par ces mots : La Faculté de Droit de l'Université de Toulouse est composée de six docteurs professeurs : l'ancien est Anthoine Dadine de Hauteserre ; le second Jacques de Maran, prestre et grand archidiacre de Toulouse ; le troisième Jean Majouret, prestre ; le quatrième Bernard du Verger ; le cinquième Claude Tilhol et le sixième Jean Raymond Taillasson.

On constate que le Recteur est pris dans la Faculté de Droit par tour, de trois en trois mois. L'état de délabrement des lieux est indiqué avec une invitation aux capitouls de dépenser à réparer les écoles, ce qu'ils dépensent ailleurs pour laisser à la postérité la mémoire de leur capitoulat. Viennent ensuite les observations des professeurs sur les propositions de M. de Froidour.

Le même recueil contient plusieurs pièces relatives aux différends entre les régents et agrégés survenus vers la même époque.

Des pièces relatives aux collèges et notamment la délégation à M. de Froidour pour les visites données en 1668 par MM. de Bourlemont, archevêque de Toulouse et Claude Bazin, délégués par le roi, et un long rapport à la suite. Plusieurs autres pièces portent des

Colbert, frappé de la diminution de toutes choses dans les Universités, avait fait instituer des commissions chargées de les examiner en détail. En Languedoc, le roi avait désigné comme commissaires : l'archevêque de Toulouse, Charles d'Anglure de Bourlemont, et le conseiller d'État qui exerçait alors les fonctions d'Intendant de la province, M. Claude Bazin, seigneur de Bezons. C'est le rapport, minutieusement dressé par ces deux grands personnages, que M. Jourdain a rapporté *in extenso*. C'est donc une pièce authentique, à laquelle nous pouvons recourir en toute sécurité. Nous le ferons, comme l'avait fait avant nous, mais pour l'histoire de la chaire de Droit francais seulement, M. Benech.

*
* *

Après avoir jeté un coup d'œil sur le passé, les commissaires indiquent « l'estat présent de la Faculté. »

Ce sont, depuis longtemps déjà, les professeurs de la Faculté de Droit qui seuls peuvent être Recteurs, c'est-à-dire chefs de l'Université, en se succédant les uns aux autres, de trois mois en trois mois.

Le rapport indique le mode de nomination des professeurs régents, les privilèges dont ils jouissent. Nous n'insistons pas sur ces dispositions indiquées plus haut ; nous n'oublions pas, d'ailleurs, que nous devons nous borner à ce qui concerne la Faculté de Droit.

rapports très détaillés sur l'état des divers collèges. Le recueil se termine par un curieux tableau synoptique résumant les principaux détails sur l'origine, les ressources financières et l'organisation des collèges. Nous en avons déjà dit un mot à l'occasion de ces collèges.

Les six professeurs de la Faculté de Droit, en quatre quartiers, sont à raison de 764 livres chacun par an, tandis que les trois professeurs de théologie et les deux professeurs de médecine, n'ont que 193 livres 9 sous chacun. Il faut ajouter à ces traitements les droits que l'on prend pour la promotion aux degrés ; le tarif est fixé pour chaque grade, ainsi le résultat reste proportionnel au nombre et l'importance des candidats.

« Nous avons visité les escoles, disent les commissaires, elles sont à l'extrémité de la ville, en un lieu inhabité. C'est un très-grand corps de maison, solidement basty, divisé en trois salles excessivement grandes, qui peuvent contenir au moins huit cents personnes, dont l'une est pour le Droit canon, une autre pour le Droit civil et la troisième pour la lecture des licenciés. Mais tout est si mal entretenu par les capitouls, que les deux dernières ne sont plus fréquentées. Il y a une entrée à chaque bout du corps du logis, et tout le long une galerie en apenty, sans autres batiments. Il y a aussi une cour très espacieuse, fermée de murs de terre, tout brisés.

« Nous avons aussi appris que, pour recevoir les degrés en cette Faculté, il faut avoir éstudié dans lesdites escoles pendant cinq ans, mais que cette rigueur ne s'observe pas à l'égard des estrangers qui, sur des certificats d'estudes en autres lieux, sont admis. Et d'ailleurs lesdits professeurs sont demeurés d'accord qu'il y avait beaucoup de relaschement dans la collation des degrés; que l'on se contentait de certificats d'escoliers ; que l'on dispensoit quelquefois de l'examen ; que l'on ne gardoit aucun interstice pour les actes publics, quand il se trouvoit quelqu'un qui vouloit les faire; que tout ce qui se pratiquoit pour l'obtention des degrés estoit que le postulant prenoit celuy des professeurs que bon luy sembloit, et en sa personne répondoit en la classe, à tous les arguments des escoliers qui vouloit disputer ; et que sur le rapport fait par ledit docteur, qu'il estoit capable, il estoit reçu par le recteur au degré de bacalauréat ; qu'ensuite il estoit présenté par le mesme professeur ou autre au chancelier, qui lui donnait des points, sur lesquels ayant este examiné en la chancellerie par les substituts des docteurs régens, il estoit à leurs suffrages reçeu licencié.

« Que celuy des professeurs qui est le plus suivy a jusques au nombre de cinquante à soixante escoliers. »

***

C'est qu'en réalité il y avait de graves raisons pour que les Facultés de Droit civil et canonique fussent délaissées. Ce n'est pas seulement que le goût des études théoriques eût diminué, c'est aussi que l'utilité de Droit romain s'effaçait de plus en plus dans la pratique française.

Bodin, Hotman, avaient constaté le fait dans leurs grandes œuvres de réforme sociale.

La rédaction officielle des coutumes ; la multiplication des ordonnances émanées d'un pouvoir royal de plus en plus indiscuté et souverain ; le commencement de codification de lois spéciales ; les recueils d'arrêts établissant la jurisprudence des Parlements, autant en pays de Droit écrit qu'en pays coutumier ; l'unification des mœurs correspondant à celle du pouvoir, tout contribuait à la diminution de l'importance pratique de ce que l'on appelait la raison écrite, c'est-à-dire du Droit romain.

***

M. Rodière, qui a fait de nombreuses et intéressantes recherches de détail, devenues très précises, à l'aide de documents abondants sur le dix-septième siècle, indique non seulement le nombre des professeurs, le traitement, les accidents multiples qui survenaient dans les concours, mais encore la forme des inscriptions et des examens, le nombre des élèves inscrits. Nous ne pouvons donner ici que quelques-uns de ces détails et nous renvoyons aux communications faites par notre savant maître et ancien collègue, à l'Académie de législation, souvent citées ici.

Il constate qu'en 1679-80, dans le premier trimestre, il n'y eut que 212 élèves inscrits ; l'année suivante, il y en eut 355, mais le chiffre redescendit à 308 dans l'année scolaire 1682-83. La moyenne des élèves se fixa ensuite entre 300 et 400 et se maintint à peu près la même pendant tout le cours du dix-huitième siècle.

*
* *

Le désordre était bien plus grand dans les collèges autrefois si riches, si florissants et si austères. Les collégiats sont abandonnés presque partout à eux-mêmes, les places y sont données non plus aux étudiants pauvres auxquels elles étaient destinées, elles sont remplies, « savoir : celles des prêtres par des bénéficiers, et les autres par des gens riches et accommodés et par des enfants qui estudient dans les plus basses classes, que pour laplupart n'estudient en aucune manière..... Et, en effet, leurs principaux exercices sont de porter l'espée et de battre le pavé de jour et de nuit : et les dits collèges sont devenus des lieux de débauche où l'on tient des maistres d'armes et de danses ; de sorte que c'est assez de dire qu'un homme est collégiat pour persuader qu'il vit dans toute sorte de déréglements (1). »

* * *

Le dernier jour du mois d'avril 1678, les commissaires *arrestent* leurs propositions au roi, qui rendit un premier édit suivi de plusieurs autres dispositions dont les unes sont communes à toutes les Universités, d'autres spéciales à la Faculté de Droit de Toulouse. Nous insisterons naturellement sur les principaux détails de cette dernière catégorie (2).

C'est d'abord l'édit d'avril 1679, rendu sur les rapports des commissaires désignés pour les diverses Universités et dont l'archevêque de Toulouse et le seigneur de Bezons faisaient partie pour notre région.

L'article premier porte que « dorénavant les leçons publiques de Droit romain seront rétablies dans l'Université de Paris. »

Les articles 2, 3 et 4 indiquent aux professeurs leurs devoirs professionnels.

(1) Voir au surplus un article de M. Nicollet. « Les collèges dépendant de l'Université de Toulouse d'après l'enquête de 1667. » *Revue internationale de l'enseignement supérieur*, 1899, p 413-418.

(2) Les recherches à cet égard ont été singulièrement facilitées par des recueils de documents spéciaux qui se trouvent à la bibliothèque de la ville de Toulouse.

C'est notamment un petit volume publié à Toulouse en 1722. Il porte pour titre : « Recueil des édits et déclarations du Roi, arrest de son Conseil et de sa Cour du Parlement de Toulouse, concernant l'Université de la dite ville et celle de Montpellier et Cahors, avec quelques réglements et délibérations de l'Université de Toulouse » in-12, 324 pages. C'est ensuite une collection de pièces reliées ensemble et gardées à la même bibliothèque sous le titre « Université de Toulouse. »

L'article 5 leur réserve rigoureusement l'enseignement du Droit. On se montrera bientôt plus circonspect encore, pour l'enseignement du Droit français. Cet article 5 mérite d'être transcrit.

Art. 5. — « Défendons à toutes personnes, autres que lesdits Professeurs, d'enseigner et faire Leçon publiquement dudit Droit Canonique et Civil, à peine de 3000 livres d'amende, applicable moitié aux Professeurs, et l'autre moitié à notre profit, d'être déchûs de tous les Degrez qu'ils pourraient avoir obtenus et d'être déclaréz incapables d'en obtenir aucuns à l'avenir : ce que nous voulons avoir aussi lieu contre ceux qui prendront les Leçons desdits particuliers. »

Les articles 6, 7, 8, fixent la durée des études à trois ans pour la licence en Droit ; règlent les examens et les thèses ; la durée des épreuves : deux heures pour être reçus bachelier, trois heures pour la licence et quatre heures pour le doctorat.

Après avoir de nouveau indiqué les devoirs des professeurs, l'ordonnance, dans son article 14, leur accorde des faveurs marquées et mélange, dans une disposition absolument opportune et sagement réglée, la doctrine des professeurs et la pratique des tribunaux, pour le plus grand avantage assurément de l'un et de l'autre.

Art. 13. — « Pour exciter d'autant plus lesdits Professeurs à faire leur devoir, voulons et ordonnons que ceux desdits Professeurs qui auront enseigné pendant vingt années, soient reçus dans toutes les Charges de Judicature sans examen, et que l'ancien de chacune desdites Facultez, après avoir enseigné vingt ans entiers, ait entrée et voix délibérative dans l'un des sièges, Bailliages ou Présidiaux, en vertu des lettres que nous lui en ferons expédier. »

Nous avons toujours eu le sentiment profond de l'utilité qu'il y aurait, de nos jours, à ce rapprochement. Nous y reviendrons plus loin.

La pratique représentée par les juges, éclairée par l'action purement consultative, si on veut, de ceux qui représentent officiellement la doctrine et qui, de leur côté, ne sont à même d'expliquer utilement leurs théories, que soutenues par l'expérience et le contrôle nécessaires de la réalité des faits; tel serait l'un de nos *desiderata*.

L'article 14 arrive enfin à cette innovation imposée par les changements politiques, de la création de la chaire de Droit français.

Art. 14. — « Et afin de ne rien obmettre de ce qui peut servir à la parfaite instruction de ceux qui entreront dans les Charges de Judicature, nous voulons que le Droit François contenu dans nos Ordonnances et dans les coûtumes soit publiquement enseigné Et à cet effet nous nommerons des Professeurs, qui expliqueront les principes de la Jurisprudence Française, et qui en feront des Leçons publiques, après que nous aurons donné les ordres nécessaires pour le rétablissement des Facultez du Droit Canonique et civil. »

On le voit, c'est le Roi qui veut désigner ceux à qui il va confier le soin d'expliquer le Droit de la France et spécialement les grandes règles de ses ordonnances.

Les articles suivants établissent le régime des quatre inscriptions, le contrôle des études par les autorités judiciaires, pour l'exercice des fonctions judiciaires ou du barreau.

Le 26 janvier 1680, une déclaration du roi, pour *amplifier* à l'édit précédent, exige le titre de licencié en Droit pour toutes les charges de judicature qu'il énumère en grand nombre, et, en sus, un stage dans le « service d'avocat. »

*
* *

Le Roi jugea utile, avant d'appliquer ces dispositions, de faire inspecter de nouveau les Universités par des hommes éminents, pour prendre au besoin, à l'égard de chacune d'elles, les mesures particulièrement propres à assurer leur bon fonctionnement.

Pour l'Université de Toulouse et pour celle de Montpellier, ce fut l'intendant d'Aguesseau, père de l'illustre chancelier, qui fut chargé de cette mission. Il fit un rapport dont on a conservé le texte et à la suite duquel fut rendu un « arrest du Conseil d'État du roi », le 16 juillet 1681, portant règlement pour la Faculté de Droit civil et canonique de l'Université de Toulouse.

Après qu'on eut réuni et consulté les Professeurs, l'arrêt ordonne :

Art. 1er. — « Que quand il y aura dans la Faculté « de droit civil et canonique de l'Université de Tou- « louse une chaire vacante, elle sera mise au concours « et à la dispute, à laquelle aucun prétendant ne pourra « être admis qu'il ne soit Docteur en droit et qu'il « n'ait au moins l'âge de trente ans accomplis... con- « formément à l'ordonnance de Blois. L'article entre « dans les détails des procédés de vote. »

Les déclarations du roy du 7 janvier 1703 et 20 septembre 1707 viennent apporter quelques modifications sur ce point.

L'article 2 autorise la Postulation, c'est-à-dire la nomination sans concours, si tous les suffrages sont unanimes et favorables au Postulant.

L'article 5 ordonne qu'il y aura douze Docteurs agrégés, lesquels auront voix délibérative et séance entre eux, dans toutes les assemblées de la Faculté, après toutefois les Professeurs....

L'article 6 ajoute : néanmoins, les voix desdits agrégés ne pourront prévaloir par le nombre à celles des Professeurs.

L'article 7 désigne les douze agrégés nommés par le roi. Ils furent réduits à huit, sur leur propre demande, par arrest du Conseil d'Etat du 10 avril 1690.

Article 8. — En cas de vacance, il en sera nommé un autre par bulletins et voix secrètes, par la dite Faculté de Droit.

Le recrutement par concours leur fut étendu par déclaration du roi du 7 janvier 1703.

Les articles 9, 10, 11, 12, fixent le nombre et heures des cours.

L'article 13 indique les sujets à traiter pour chaque année.

L'article 15 charge les agrégés des suppléances.

Les articles suivants concernent les écoliers et les formes requises pour les examens, thèses de baccalauréat, de licence et de doctorat, et la date des vacances.

L'article 28 porte que les Professeurs en Droit civil et canon et tous les Docteurs agrégés seront obligés d'assister aux actes de baccalauréat, de licence et de doctorat.

Les articles 32 et suivants concernent les collèges.

L'article 38 détermine la situation de Professeur de Droit français.

Il porte :

Art. 38. — « Et voulant, Sa Majesté, en exécution de l'article quatorze de l'édit du mois d'avril 1679, régler tout ce qui concerne l'établissement et fonction du

Professeur en Droit Français, a ordonné et ordonne que ledit Professeur de Droit Français de la Faculté de Droit Civil et Canonique de l'Université de Toulouse, nommé par Sa Majesté, aura, dans les Assemblées de la Faculté, rang et séance entre le Doyen et le second Professeur de ladite Faculté, sans qu'il puisse être Doyen ni participer aux émoluments desdits Professeurs : jouira des mêmes honneurs, prérogatives, privilèges, habillemens et autres avantages ; assistera à toutes les Assemblées de ladite Faculté, et y aura voix délibérative. »

Cette disposition fut réglée, sur quelques détails contestés, par le Parlement : arrêt du 20 juillet 1701.

L'article 40 trace les sujets à traiter : les ordonnances, l'usage des fiefs et autres généralités du Droit Français, qui ont lieu dans les pays de droit écrit, avec les principaux arrêts.

L'article 43 règle le droit aux fonctions judiciaires.

Art. 43. — « Le Professeur en Droit Français, après vingt années de fonction en qualité de Professeur, aura séance honoraire dans le Siège Présidial et Sénéchaussée de la Ville de Toulouse, après le Doyen des Conseillers, et voix délibérative en toutes les affaires; et à cet effet lui en seront lors Lettres Patentes expédiées, se réservant Sa Majesté d'abréger le tems de vingt années en faveur de ceux qui l'auront mérité par leur application et leur capacité dans ladite fonction de Professeur en Droit Français. »

Le Professeur est nommé par le roi, sur la proposition du Procureur général du Parlement, qui pourra présenter trois noms.

L'article 45 établit des conditions particulières exigeant une longue pratique chez le Professeur de Droit Français.

Art. 45. — « Aucun ne pourra être élu pour Professeur en Droit Français, qu'il ne soit Avocat et n'en ait fait fonction, au moins pendant dix ans avec réputation, ou qu'il n'ait pendant le même tems exercé avec honneur une charge de judicature. »

Puis vient le règlement du tarif des droits d'examens dans les plus petits détails.

***

Une déclaration du roi, du 6 août 1682, contient quelques dispositions additionnelles.

Et la Faculté de Droit de Toulouse établit sur ces bases son règlement, elle y fixe, ainsi que dans une addition supplémentaire, des dispositions dans les détails minutieux desquels nous ne pouvons entrer. Le roi et le Parlement donnent leur approbation.

***

En avril 1684, nouvel édit du roi concernant la décence des habits des officiers de justice et des écoliers qui étudient en Droit. Il exige pour ces derniers « des habits modestes et convenables à leur condition et leur défend de porter des épées dans la ville où les Facultés de droit sont établies, à peine pour la première contravention d'être obligés d'étudier une quatrième année.

Cette prohibition fut appliquée par arrêt du Parlement du 21 mars 1721.

***

Le 10 avril, un arrêt du Conseil d'Etat du roi venant terminer un différend survenu entre les professeurs et les agrégés, décide que ces derniers « ne pourront assister aux assemblées qui seront tenues pour l'élection des officiers et suppôts de l'université, ni autres assemblées de la dite université que celles qui concerneront la discipline et le règlement des études et des mœurs. »

*
* *

Le 17 novembre 1690, déclaration du roi qui réduit à deux ans le temps d'étude et même, à partir de vingt-cinq ans, à six mois, pourvu que les examens et thèses aient été régulièrement subis.

La durée de trois ans fut rétablie par déclaration du roi du 20 janvier 1700. La durée des études du doctorat était de quatre ans. Les ajournements aux examens sont de trois mois.

*
* *

En 1691, c'est entre les professeurs de Droit et ceux des Facultés de théologie, de médecine et des arts que surviennent des difficultés réglées par arrêt du Conseil du roi, en date du 21 mai, sur la distribution des gages entre les docteurs régents. L'arrêt donne raison à ceux de la Faculté de Droit et renouvelle la disposition ancienne qui veut que la charge de Recteur demeure attachée à la seule Faculté de Droit.

*
* *

Le 6 février 1696, les capitouls rendent une ordonnance pour déclarer déchargés de *l'Industrie* les agrégés. C'était une sorte d'impôt des patentes.

*
* *

Entre temps, un arrêt du Conseil privé du roi, du 9 août 1680, avait reconnu aux professeurs agrégés et bedeaux de l'Université le privilège de plaider en première instance à la sénéchaussée.

*
* *

Le 29 juillet 1712, une déclaration du roi défendit d'admettre ensemble dans les Facultés de Droit, aux places de professeurs et agrégés, des parents ou alliés aux degrés les plus proches. Certains abus avaient nécessité cette mesure.

On peut voir, soit dans le texte des documents dont nous venons de donner des extraits, soit dans les indications fournies par MM. Benech et Rodière, d'autres détails sur les traitements alloués aux professeurs et sur la discipline intérieure des études et des examens.

*
* *

Les professeurs, à cette époque, dictaient des cahiers; la durée des leçons était d'une heure et demie: une demi-heure pour la dictée, une demi-heure pour l'explication, une demi-heure pour l'interrogatoire.

Ces procédés pouvaient être excellents pour assurer le succès d'études élémentaires, mais l'élément philosophique ou vraiment scientifique ne pouvait s'élever ni se développer avec de pareilles exigences. C'était l'abaissement du Droit érigé en système.

*
* *

Aussi le mouvement de vie intense de jadis avait

disparu de plus en plus, et le fait n'était pas particulier à notre Université.

Lorsque l'Université de Cahors qui avait eu la gloire du premier enseignement officiel de Cujas fut supprimée, en 1751, elle était réduite à si peu, que la popopulation scolaire de notre Faculté de Droit ne se ressentit pas de cette suppression, il y eut même, en fait, une légère diminution.

En novembre 1750, le chiffre des inscriptions était de 380 ; il était descendu à 343, alors qu'on aurait cru devoir compter sur une augmentation.

***

L'esprit des quelques étudiants qui restent ne paraît pas, d'ailleurs, s'être complètement calmé, malgré leur petit nombre, car la Faculté crut devoir prendre, le 8 février 1779, encore une délibération par laquelle il fut défendu aux clercs de se présenter dans les écoles, même d'en approcher, soit avec des épées, soit avec des cannes ou des bâtons, ou bien en bottes. Nous n'en sommes plus aux épées à deux mains ou aux cuirasses de jadis. C'est un progrès.

***

Les rapports entre les membres de la Faculté n'étaient pas toujours faciles, si l'on en juge par certains incidents. L'agrégé Murent, par exemple, ne se contente pas de faire scandale pendant l'examen d'un élève qui ne lui avait pas payé ses leçons ; il intente, bientôt après, un procès avec mémoires injurieux à l'appui, contre les professeurs qui ne lui payaient pas, disait-il, exactement ses honoraires.

La querelle s'envenima, l'Université tout entière s'y joignit, on contesta au recteur le droit de convoquer seul les réunions générales de l'Université et de dissoudre les réunions convoquées sans son initiative. Le recteur anathématisa les opposants comme schismatiques. On fut plus loin et l'on voulut enlever à la Faculté de Droit le privilège considérable de fournir seule les recteurs trimestriels. Ce furent la Faculté de Droit et les anciens usages qui eurent le dessus et tout rentra dans l'ordre.

*
* *

Les mêmes résistances, les mêmes sentiments peu conciliants se manifestaient aussi assez fréquemment, surtout dans les votes, à la suite des concours.

Les registres des délibérations de la Faculté qui nous ont été conservés depuis 1698 en portent de nombreuses traces. Ce sont des querelles d'intérieur trop fréquentes qui ne sont guère dignes de figurer dans les annales de la Faculté. C'est l'amoindrissement sous toutes les formes.

*
* *

En 1714, un docteur se fait nommer agrégé sans concours par le Parlement, lequel, toujours prêt à étendre son autorité, se permet cette illégalité. M. Dèzes, l'élu, dût renoncer de lui-même à se prévaloir de l'arrêt. La Faculté lui en sut gré et lui conféra légalement le titre. Le même M. Dèzes, devenu recteur de trimestre, offensé par un agrégé, exigea que ledit agrégé adressât au recteur du trimestre des excuses, en présence du premier président et des avocats généraux, ce qui fut fait avec l'appui de la Faculté, qui, elle aussi, se trouvait offensée du même coup.

*
* *

Mais ce qui est plus singulier assurément, à ce même point de vue des désaccords fâcheux, ce sont les votes des concours ou des nominations d'agrégés.

En 1699, pour la nomination de l'agrégé, on *bulletina* neuf fois.

En 1709, il y avait trois places d'agrégés à pourvoir : pour la première, on *bulletina* quatre fois ; pour la seconde, on *bulletina* d'abord quinze fois de suite ; deux professeurs se déclarèrent malades de fatigue et se retirèrent ; après leur départ, on recommença encore huit fois. Pour la troisième place, le doyen fut obligé d'user de la prépondérance accordée à sa voix.

Après le concours pour la place de M. de Carrière, il y eut vingt-six scrutins sans résultat. Un professeur fatigué, comme autrefois, se retira ; on vota quarantre-trois fois encore en vain, en tout soixante-neuf scrutins infructueux ; et l'on fit nommer, en désespoir de cause, le candidat Macarty, par arrêt du Conseil d'Etat.

*
* *

Ainsi s'explique et se justifie la déclaration du roi, en date du 10 juin, en vertu de laquelle la nomination serait réservée au roi, quand dix scrutins se succéderaient sans amener de nomination.

C'est ce qui eut lieu en 1747, pour la place devenue vacante par la mort de l'agrégé Caussines ; après le dixième vote sans résultat, la nomination du successeur fut faite par le roi.

*
* *

Nous pouvons constater d'ailleurs que les faits de cette nature devaient se produire dans d'autres Universités. Et, en effet, à la suite d'une vacance de chaire à la Faculté de Drøit de Montpellier, en 1781, les dix scrutins ayant eu lieu inutilement, le roi préféra déléguer à Toulouse la nomination qu'il pouvait faire, de son chef, et c'est notre Faculté qui eut l'honneur de désigner l'un des derniers professeurs nommés à la Faculté de Droit de Montpellier, avant la révolution.

*
* *

Il est opportun d'observer que ces difficultés intérieures et ces passions qui auraient pu s'agiter sur des questions moins personnelles et d'un ordre plus élevé, n'enlevaient rien cependant, en fait, à la considération dont jouissaient hautement les membres de la Faculté. Ils la devaient à la tradition séculaire, inébranlable à cet égard et aussi à leur propre honorabilité que ces mesquineries n'atteignaient pas, aux yeux du public.

Vers la fin du dix-huitième siècle, le personnel de la Faculté ne présente guère plus qu'une suite de juristes modestes, de professionnels attachés consciencieusement aux devoirs de l'enseignement quotidien, instruits, savants même, mais sans éclat de parole ni de pensée, et, de plus, sans la notoriété que donnait encore, à cette époque, la publication des moindres écrits.

*
* *

Nous avons vu le Droit canonique abandonné, sans auditeurs et sans aspirants aux épreuves ou aux grades de la Faculté.

Faut-il s'en étonner, alors que les rois et le Parlement entendaient exercer sur cet enseignement une autorité devenue très puissante, en fait, quoique incompatible avec l'indépendance absolue, essentielle à tout ce qui touche au domaine de la conscience.

*
* *

Le Droit romain déclinait aussi dans les chaires de Droit civil. La science n'y prétendait plus à cette initiative généreuse qui jadis avait fait son honneur, elle continuait à vivre sur la gloire du passé, dans des recherches d'ordre plus modeste.

*
* *

Seule, la chaire de Droit français put faire sentir, par l'influence effective de son enseignement et la valeur de ses maîtres, la nécessité qu'il y avait eue de la créer sans retard, et aussi l'habileté qui avait présidé aux règles du recrutement de son personnel.

Dans une publication très consciencieusement faite et écrite avec autorité, M. Benech a présenté l'histoire de cette chaire et la biographie détaillée des dix professeurs qui s'y sont succédés, jusqu'à la révolution (1).

(1) *Mélanges de droit et d'histoire*, par M. Benech, publiés sous les auspices de l'Académie de Législation. Paris, Cotillon, libraire, 1857, p. 184 et suiv., in-8°, 100 pages.

*
* *

Quant au recrutement de ce poste d'honneur, on a pu remarquer, dans les textes transcrits plus haut, les précautions prises pour n'avoir pas à subir, dans le choix, les chances du concours.

M. Benech, auquel nous devons beaucoup emprunter ici, fait remarquer combien délicates, par la nature des circonstances, étaient les matières à traiter.

Nous disions que Louis XIV devait redouter, comme d'autres l'avaient fait avant lui, qu'on touchât à son œuvre propre, à ses grandes ordonnances. Justinien et Napoléon avaient très énergiquement exprimé ces appréhensions. Mais il devait avoir bien d'autres préoccupations spéciales à l'époque.

Le professeur de Droit français devait toucher, en parlant des fiefs, aux droits des seigneurs; en parlant des pragmatiques, des concordats, aux droits de l'Eglise de Rome et aux règles de l'Eglise Gallicane ; il devait parler du Droit public, de la police et des Parlements ; tout autant de matières sur lesquelles l'autorité royale avait posé sa main de plus en plus puissante, mais où les résistances n'étaient pas complètement désarmées encore.

On ne se bornait pas, en conséquence, à laisser au choix arbitraire des ministres la nomination du professeur de Droit français; on exigeait encore des garanties particulières de modération, d'habitudes pratiques et de connaissance du Droit. L'article 45 de l'arrêt du Conseil du 16 juillet 1681 portait : « Aucun ne pourra être élu pour professeur du Droit français qu'il ne soit avocat et n'en ait fait fonction au moins pendant dix ans avec réputation, ou qu'il n'ait pendant le même temps exercé avec honneur une charge de judicature. »

Le procureur général devait présenter les candidats au nombre de trois.

* * *

Les cours ordinaires étaient faits en langue latine et nous pouvons ajouter que, pour les cours de Droit romain, cet usage s'est conservé jusqu'en 1830 et même au-delà, à Toulouse.

L'enseignement nouveau devait, au contraire, être fait en langue française.

Le professeur de Droit francais, qui ne pouvait pas être doyen, pouvait cependant être recteur à son tour.

* * *

C'est même pendant le rectorat de d'Astruc, l'un des professeurs de Droit français, que le roi cassa, en 1737, la nomination, à suite du concours d'un régent. L'édit fut enregistré sans observation par le Parlement. « On était bien loin, observe M. Benech, de cette époque où cette Cour souveraine cassait au contraire des lettres patentes du Roi Henri II, qui avait promu un régent au mépris de l'institution du concours. » L'autorité royale avait affermi sa puissance autour d'elle. Les parlements eux-mêmes devaient s'incliner.

Nous n'entrerons pas, avec M. Bénech, dans les détails de la vie de chacun de ces dix docteurs régents, mais nous lui emprunterons un résumé qui présente de l'intérêt, si l'on veut connaître la physionomie du personnel des professeurs de Droit français, dans les dernières années de l'ancien régime, à notre faculté.

« L'un d'eux a obtenu la chaire royale à titre de rémunération de ses services universitaires, c'est de Duval, qui était agrégé depuis quinze ans au moment de sa nomination. Tous les autres ont dû leur promotion à leurs succès en qualité d'avocats plaidants ou d'avocats consultants et instruisants ; aucun d'eux ne la dut à des services judiciaires antérieurs, qui conféraient, comme nous l'avons dit, le droit d éligibilité. »

On a vu l'inégalité qui existe dans la durée de l'exercice de quelques-uns d'entre'eux. A de Bastard, qui avait enseigné le Droit français pendant 27 ans, succéda de Carrière qui l'enseigna pendant moins d'un an ; le terme moyen de leur professorat fut de quinze ans.

Ils avaient tous fait leurs études de Droit à Cahors ou à Toulouse.

Ils appartenaient tous à l'ordre de la noblesse, les uns par leur naissance, les autres par l'exercice des fonctions du capitoulat.

Le seul qui ne pouvait se placer dans aucune de ces catégories, Rouzet, fut créé noble et comte de Folmont par Louis XVIII, pour des motifs, d'ailleurs, absolument étrangers à l'enseignement.

Sur les dix, les trois premiers ont été nommés par Louis XIV, les cinq qui suivent par Louis XV, les trois derniers par Louis XVI. Antoine de Martres fut proposé à l'agrément du roi par le chancelier d'Aguesseau.

*
* *

Cet enseignement du Droit français avait été utile

aux contemporains ; il devait servir aussi pour les œuvres de l'avenir. « Il prépara et réunit peu à peu, à petit bruit, à petites journées, les matériaux qui ont servi à la condition dont nous goûtons les avantages ».

Trois de ces professeurs ont laissé des écrits estimés, mais qui n'ont guère fait sortir, pour nous, leur nom de l'obscurité.

Jean de Duval avait publié quelques travaux élémentaires sur les matières du cours.

François de Boutaric est plus connu; il a laissé neuf ouvrages dont le dernier, publié en 1747, traitait des libertés de l'Eglise gallicane. Il s'y montra très ferme partisan de ces libertés. Il jouissait, dans le pays tout entier, d'une grande réputation. Il est désigné dans plusieurs ouvrages du temps comme le célèbre professeur de la Faculté de Toulouse (1).

Anne-Louis d'Astruc a laissé quatre traités sur des matières spéciales de Droit civil français.

Pour donner une preuve nouvelle, sans doute, de la considération dont jouissaient les professeurs de notre école à cette époque et pour y ajouter un pieux souvenir, M. Bénech rapporte que « quatre, sur les dix professeurs de Droit français, reposent sous les dalles de nos églises actuelles ou de nos anciennes églises dont la destination a changé. Laviguerie est enseveli dans la nef de Saint-Etienne; Boutaric dans le chœur de la Dalbade: Duval dans la ci-devant église des Augustins; Delort le père dans la ci-devant église des Jacobins. Avant eux, d'Hautesserre avait reçu les honneurs d'un tombeau dans la petite église de Nazareth.

(1) Voir l'Indication de ses œuvres dans le travail de M. Benech et à la biographie Toulousaine. V° Boutaric

*
* *

Mais aucun d'eux n'avait atteint ni la valeur, ni la haute situation de d'Hautesserre, encore moins celle des grands légistes de la Renaissance.

Des documents certains constatent cependant que la Faculté de Droit de Toulouse restait encore aux premiers rangs.

Le comte de Boulainvilliers disait, dans son Mémoire sur les états de Languedoc, dressé par ordre du duc de Bourgogne en 1698 : « Il y a deux Universités célèbres en Languedoc, celle de Toulouse et celle de Montpellier... François Ier gratifia les professeurs du titre de chevalier..... Cet honneur qu'il fit aux sciences excita tout le monde aux lettres, en sorte que les personnes les plus distinguées par leur naissance se firent honneur *longtemps après* d'avoir été professeurs à Toulouse (1). »

***

En 1715, le chancelier d'Aguesseau autorisait un des agrégés de notre Faculté, le sieur Pontier, à répondre à la demande qui lui était faite par le roi de Sardaigne, d'aller professer à la Faculté de Turin. « C'est, ajoute M. Benech, en rapportant la lettre de l'illustre chancelier, la preuve éclatante de la réputation dont notre Faculté de Droit jouissait au dehors (2). »

Dans le préambule de la déclaration du roi, de 1742, relativement au concours, d'Aguesseau avait d'ailleurs exprimé lui-même ses sentiments à ce sujet. « Si nous ajoutons quelques dispositions par rapport à la

(1) *L'Etat de la France*, par le comte de Boulainvilliers, t. II, p. 524. Londres, 1727, chez E. Woodd et S. Palmer.

(2) BENECH, *op. cit.* p. 215.

discipline de la Faculté de Droit établie à Toulouse, notre unique objet a été de faire en sorte qu'une Faculté distinguée, depuis si longtemps, par la science des lois et surtout par la science des lois romaines, soutienne toujours et augmente encore, s'il est possible, la réputation que lui ont acquise tant de savants jurisconsultes et de grands magistrats qui en sont sortis et qui l'ont rendue également célèbre au dehors comme au dedans. »

L'histoire de la Faculté de Toulouse devait mentionner cette déclaration explicite de l'un des plus grands hommes de l'ancienne magistrature française.

Il écrivait, en 1742, en désignant M. de Bastard, d'une ancienne et noble famille, « ancien et célèbre avocat à Toulouse », pour occuper la chaire de Droit français : « Je suis fort aise de vous voir recteur aussitôt que professeur, et je suis persuadé qu'il n'y a pas de fonction, quoique nouvelle pour vous, que vous ne remplissiez dignement (1). » On voit par là de quelle considération était entourée la fonction elle même.

Le successeur de M. de Bastard, Jean de Carrière, le disait dans un solennel discours d'installation que M. Benech nous a conservé et qui est curieux, surtout par la forme pompeuse, caractéristique des mœurs publiques de l'époque (2).

En 1781, c'est la Faculté tout entière qui recevait un témoignage public de l'honneur dont elle était entourée; elle fut désignée, nous l'avons vu, pour nommer, par un concours auquel seule elle siègerait, sans les autres membres de l'Université ni des délégués du Parlement, un professeur à la Faculté de Montpellier,

(1) BENECH, *Eod.*, p. 247.
(2) *Eod.*, p. 252.

qui n'avait pas pu se départager pour cette désignation de l'un de ses membres.

La tourmente révolutionnaire devait emporter l'Université de Toulouse.

La Faculté de Droit se reconstitua dès les premières années de notre siècle.

CHAPITRE QUATRIÈME.

Le dix-neuvième siècle. — A coté des diverses branches du droit proprement dit, les sciences historiques, économiques, financières, politiques, sociales se développent et s'affirment par des enseignements spéciaux dans les Facultés de Droit. — Ce mouvement est soutenu et rendu fécond par la constitution de puissantes universités de Province.

Lorsque la Révolution s'annonça par des actes, en 1789, la Faculté de Droit de Toulouse était dans cet état d'atonie que nous avons signalé et qui était devenu celui de toutes les Facultés du royaume (1).

Elle se composait de six professeurs et sept agrégés. Le nombre des élèves était singulièrement réduit. Il y avait eu 420 inscriptions en 1788 (2). C'était un peu plus qu'avant, mais le mouvement scientifique manquait.

Les traitements des professeurs, constitués d'une part fixe et d'un casuel, n'étaient pas faits pour donner l'attrait et la considération nécessaires à ces fonctions élevées, au moins par la mission qu'elles doivent remplir.

Ce que M. Liard dit des Facultés de Droit en général était absolument vrai de la nôtre. « On s'y inscrit, car

(1) V. L'enseignement supérieur en France, 1789-1893. L. Liard, Paris, Colin, édit. 1894.

(2) En 1785, il y avait eu 396 actes, 150 bacheliers, 231 licenciés, 10 docteurs.

il faut des inscriptions pour les grades et des grades pour le barreau et les offices de judicature ; mais l'enseignement y est sans vie, les études sans force, la discipline sans vigueur, et des abus de tout genre en ont fait des institutions illusoires et même dangereuses (1). »

La facilité des épreuves avait rabaissé les examens de façon à déconsidérer ceux-mêmes qui les faisaient subir, d'un air de gravité, tout à fait en disproportion avec l'importance de l'acte lui-même.

La légende a transmis certains détails indiquant la faiblesse des épreuves, qui persistait d'ailleurs, sous des formes diverses, après la Révolution, dans la Faculté reconstituée.

On reproche bien encore aux Facultés, de province surtout, leur indulgence aux examens. Le niveau s'élève sans doute, mais certainement il est encore trop bas. Nous nous permettrons d'indiquer, plus loin, le moyen infaillible autant que juste, à notre avis, de le relever d'un seul coup.

A l'approche des Etats généraux, l'Université de Paris avait demandé à avoir des députés ; celle de Toulouse avait écrit aux autres Universités du royaume pour les engager à en faire autant (2).

Mais la tourmente emporta bientôt les Facultés de Droit avec tout le reste.

Les Universités, anémiées, n'étaient pas de force à résister longtemps dans cette atmosphère embrasée.

(1) Liard, *op cit.*, t. I, p. 67.
(2) *Eod.*, t. I, p. 88.

*
* *

Ce sont pourtant deux professeurs de Droit, M. de Rigaud et M. Rouzet, qui occupent, en 1791, les postes élevés dans la municipalité toulousaine.

M. de Rigaud est à la fois recteur de l'Université et maire de la ville; M. Rouzet est membre du Conseil général électif, officier municipal et un des administrateurs du département. Il fut député à la Convention.

Enfin, c'est M. Malpel, professeur à la Faculté comme les précédents, qui fut nommé procureur général syndic du département de la Haute-Garonne.

Nous rapportons ici les quelques documents conservés aux archives départementales, concernant les dernières péripéties de la Faculté.

Le 6 mai, MM. Rigaud et Rouzet prêtent serment comme professeurs, entre les mains l'un de l'autre, en tant qu'officiers municipaux. Ce sont ensuite MM. Loubers et Bec, agrégés, qui font de même. MM. Labroquère et Maynard avaient fait leur soumission, dit l'acte, ils ne l'ont pas effectuée (1).

(1) Archives de la Haute-Garonne, Liasse L. 358.

Extrait du registre ouvert par la municipalité de Toulouse le 12 janvier 1791.

« Se sont présentés, le 6 mai 1791, M. Jean-Laurent RIGAUD, professeur en Droit et maire, a prêté, par devant M. ROUZET, officier municipal, le serment prescrit par les décrets de l'Assemblée nationale du 26 décembre 1790, 22 mars et 17 avril 1791. »

« Le 28 du même mois, M. Auguste LOUBERS, docteur-agrégé, a prêté, en présence de M RIGAUD, maire, le même serment. M. Jacques BEC, docteur-agrégé, idem. M. Jean-François TURLE, agrégé, a prêté le même serment pardevant M. RIGAUD, maire, le 2 juin dernier. »

Le 4 mars précédent, MM. François-Raymond-Luc LABROQUÈRE, professeur, et Joseph-Marie MAYNARD, agrégé, avaient fait leur soumission qu'ils n'ont pas effectuée depuis. — Certifié conforme, Michel DIEULAFOY, *secrétaire-greffier*.

Le 12 novembre, le même M. Rigaud, cette fois en qualité de recteur, prend des mesures pour organiser la Faculté. Il déclare que quatre professeurs suffisent.

Mais il rencontre, même dans cette mesure réduite, des difficultés pour organiser son personnel. MM. Loubers et Bec, agrégés, nommés professeurs par le procureur général syndic Malpel, refusent leurs nouvelles fonctions et déclarent qu'ils veulent rester agrégés (1).

Tout cela ne devait durer qu'un jour.

*
* *

(1) Liasse L. 358, *cod.* Lettre de M. Rigaud, recteur, 12 novembre 1791.

Monsieur,

« Quoique je n'aye pas reçu officiellement l'élection des professeurs de la Faculté de Droit, moins encore la nouvelle de la démission de MM. Bec et Loubers, je me persuade que l'intérêt public et celui de l'Université exigent de moi que je vous observe que quatre professeurs suffisent provisoirement pour remplir le vœu de la loi, un pour les Institutes, un pour le Droit français, un pour le Droit civil, un pour le Droit canon.

« Par cet ordre les démissions que vous avez reçues (suivant ce qu'il m'a été rapporté) ne changeraient rien ni à votre travail, ni à celui qu'il parait intéressant que la Faculté de Droit ne diffère pas.

Le recteur de l'Université de Toulouse,

Rigaud, signé.

(L'adresse manque.)

Lettre du 12 décembre de M. Loubers, nommé professeur, qui refuse et veut rester agrégé. (A M. Malpel.)

Suit une lettre de M. Malpel, 11 novembre 1791.

A M. Bec, professeur en Droit.

Monsieur,

Le Directoire du département de la Haute-Garonne vous ayant nommé à la place de professeur de Droit, en exécution de la

Le 22 nivôse an II, le représentant du peuple Paganel, député par la Convention nationale près les départements du Lot, Lot-et-Garonne, Haute-Garonne et autres circonvoisins, en séance, à Toulouse, arrête :

« L'enseignément national provisoire, dans la cité de Toulouse, sera organisé comme il suit ; au ci-devant collège national :

« Cours public d'enseignement de la déclaration des droits de l'homme, l'acte constitutionnel et les devoirs du citoyen envers la République : les citoyens Larrouminguère, professeur, Bellecour fils, professeur (1). »

Puis viennent, dans le document, les sciences, la médecine, l'art vétérinaire, les arts ; pour le Droit, c'est tout.

L'arrêté mis en placard, pour être affiché, porte les indications suivantes :

« Les cours auront lieu tous les jours, de onze heures à midi et de quatre heures à cinq heures. »

Ces deux professeurs devaient recevoir un traitement annuel de 2.000 livres, tandis que les autres ne touchaient que 1.800 ou 1.600 ou même 1.200 livres.

Du 20 vendémiaire de l'an III : « La direction de surveillance des études (Castillon, président d'âge),

loi du 17 avril dernier, vous êtes prié de vous concerter avec le recteur de l'Université pour faire la rentrée et l'ouverture de la classe.

Le Procureur général syndic du département de la Haute-Garonne,

MALPEL.

Au verso du même feuillet, déclaration du même jour de M. BEC qu'il ne veut accepter aucune chaire, pour rester agrégé.

BEC, signé.

(1) Arch. de la Haute-Garonne, *cod.* Liasse L. 358.

accorde au sieur Saint-Jean, un extrait de la délibération qui le désigna, l'année dernière, pour la chaire de professeur de l'*histoire de la philosophie des peuples* (1). »

Nous n'avons pu découvrir aucun autre document de l'époque révolutionnaire pouvant se rattacher, de près ou de loin, à l'enseignement du Droit.

*
* *

Il faut, pour retrouver les Facultés de Droit, arriver à la loi du 22 ventôse an XII (13 mars 1804), dont on peut apercevoir la préparation prolongée, dans les documents législatifs et les commentaires qu'a donnés M. Liard (2).

La ville de Toulouse fut désignée comme le siège d'une des écoles instituées. (4e jour complémentaire, an XII, 21 septembre 1804.)

Cinq chaires y furent créées par décret du 1er germinal an XII (22 mars 1805) (3).

(1) Arch. de la Haute-Garonne, *cod.*

(2) *Op. cit.*, t. II. p. 42 et suiv.

(3) Quant aux procédés de recrutement du personnel, les lois, décrets et ordonnances de l'an X (1802), de l'an XII (1804), de 1808, 1809, 1815, 1816 établirent et supprimèrent alternativement 1808, 1809, 1815, 1816 établirent et supprimèrent alternativement le concours. L'ordonnance de 1818, les statuts de 1825, 1843, 1847 le réorganisèrent. Le décret du 9 mars 1852 le supprima pour les chaires. Les décrets du 22 août 1854, novembre 1855 et d'assez nombreuses dispositions ultérieures de détail, jusqu'à ces derniers temps, le réglementèrent spécialement pour l'agrégation.

Les concours d'agrégation ont toujours eu lieu à Paris depuis 1852. La magistrature est représentée dans le jury par des conseillers ou des avocats généraux à la Cour de cassation, l'enseignement par des doyens, avec des professeurs de Paris et de la province.

*
* *

C'est dans les conditions suivantes que le personnel nouveau entra en fonctions.

M. Dezasars de Montgaillard, président du tribunal d'appel, et bientôt après premier président de la cour impériale de Toulouse, était nommé doyen d'honneur. Il conserva ce titre jusqu'en 1809.

C'était le souvenir de cette alliance si utile de la magistrature et de l'enseignement théorique du droit.

M. Ruffat, fils d'un professeur de l'ancienne Faculté, fut nommé professeur de Droit romain, comme l'était son père

M. de Furgole fut nommé professeur de Code civil, ainsi que MM. Jammes et de Bastoulh. M. Jouvent était professeur de Procédure et de Législation criminelle. On y joignit trois suppléants : MM. Bec, Peyre et Delpuech ; aucun d'eux, par une singulière coïncidence, n'est arrivé au titulariat. Le dernier ne s'est jamais présenté à Toulouse, dit le registre de la Faculté.

Depuis, le nombre de chaires a singulièrement augmenté, et, des sciences dont on ne connaissait pas, tout au moins, le nom, sont venues s'ajouter au Droit civil, pour compléter l'ensemble des études qui se rattachent le plus étroitement à la législation.

La Faculté de Droit de Toulouse comprend actuellement quatorze Chaires magistrales, savoir :

— Trois Chaires de Code civil créées par Décret du 1er germinal an XIII (22 mars 1805).

— Deux Chaires de Droit romain établies, la première par le même Décret du 1er germinal an XIII, sous le titre de Chaire d'Institutes et de Pandectes, qu'elle conserva jusqu'au 4 février 1853 ; la seconde par le Décret du 17 septembre 1854.

— Une Chaire de Droit commercial instituée par Ordonnance royale du 28 septembre 1822.

— Une Chaire de Droit administratif fondée par Ordonnance royale du 27 septembre 1829, supprimée en 1830, rétablie le 12 décembre 1837.

— Une Chaire de Procédure créée par le Décret du 1er germinal an XIII, sous le titre de Chaire de Procédure et de Législation criminelle qui lui fut conservé jusqu'au 13 décembre 1846.

— Une Chaire de Droit criminel qui, en vertu d'un Arrêté ministériel du 13 décembre 1846, remplaça celle de Droit public établie par Ordonnance royale du 25 novembre 1830.

— Une Chaire d'Histoire générale du Droit, instituée par Décret du 10 mars 1859, sous le titre de Chaire de Droit français étudié dans ses origines féodales et coutumières, qui lui est resté jusqu'au 8 mars 1889.

— Une Chaire d'Économie politique qui date d'un Décret du 25 janvier 1876.

— Une Chaire de Droit constitutionnel créée par Décret du 4 avril 1892.

— Une Chaire de Droit international public et privé créée par Décret du même jour.

— Une Chaire de Législation française des finances et de Législation et Économie industrielles, créée par Décret du 8 décembre 1895.

A côté de ces Chaires ont été fondés par l'État, l'Université ou la ville de Toulouse, des Cours complémentaires.

Les Cours fondés par l'État sont ceux de Pandectes pour le Doctorat, ceux des Voies d'exécution, de Législation industrielle, de Législation commerciale comparée et de Principes du droit public et Droit constitutionnel comparé, un Cours de Droit administratif et un d'Économie politique spécialement destinés au doctorat ès sciences politiques et économiques, un Cours de Doctrines des sciences économiques.

Ceux subventionnés par l'Université de Toulouse sont les Cours de Science pénitentiaire et de Science sociale.

Un cours d'histoire du droit méridional professé à la Faculté des lettres est commun aux étudiants des deux Facultés de Droit et des lettres

Ceux entretenus par la ville de Toulouse sont les Cours de Droit maritime, Droit civil comparé, Législation et économie rurales.

Deux suppléants ont été nommés sur la présentation du conseil de la Faculté et du conseil de l'Université, par M. le Recteur, président du Conseil de l'Université, le 17 février 1900.

Des conférences facultatives sont établies en vertu des décrets des 22 août 1854 et 18 mars 1859 et de l'arrêté du 30 avril 1895. Elles ont pour objet le développement des diverses parties de l'enseignement et la préparation aux examens.

⁂

Chaque année, des concours sont ouverts entre les élèves des trois années de licence et entre les aspirants au doctorat ou docteurs pendant les cinq années qui suivent leur admission au grade de licencié.

Il existe aussi un concours général entre les élèves de troisième année de toutes les Facultés de France.

La ville de Toulouse a fondé :

1° Un prix de 300 francs en faveur de l'étudiant qui aura obtenu une nomination au concours général ;

2° Un prix de 300 francs à décerner à l'auteur de la meilleure thèse de doctorat (*Sciences juridiques*) présentée dans le courant de l'année scolaire.

L'Université de Toulouse a fondé :

Un prix de 300 francs à décerner à l'auteur de la meilleure thèse de doctorat (*Sciences politiques et économiques*) présentée dans le courant de l'année scolaire.

Depuis 1895, une somme de 1,000 francs est attribuée, sous le nom de prix Ozenne-Deloume, par une délibération spéciale de la Faculté, et sans publicité extérieure, à celui des licenciés de l'année qui s'en est montré le plus digne, à la fois par sa situation personnelle et par ses succès dans les examens et les concours de la Faculté.

* *
*

Parmi les professeurs qui se sont signalés depuis 1805 jusqu'à nos jours, sans parler de ceux qui sont encore en activité, nous indiquerons quelques noms.

D'abord, à raison de la durée et du succès de leur enseignement ou des travaux qu'ils ont publiés, et par ordre chronologique :

MM. Ruffat; Jammes, doyen en 1805 et en 1816 ; de Bastoulh, doyen en 1821 ; Jouvent, doyen en 1809 et en 1818 ; Berger, prêtre, vicaire-général de Toulouse ; Malpel, doyen en 1830 ; Delpech, doyen en 1855 ; Carles ; Flotte ; Ferradou ; Benech, doyen en 1855, fondateur de l'Académie de législation, Laurens, doyen en 1841 ; Dufour, doyen en 1869 ; Massol ; Rodière ; Molinier ; Chauveau (Adolphe) ; Bressolles (Gustave) ; Capmas, recteur en 1880 ; Ginoulhac ; Huc, maire de Toulouse en 1882, puis conseiller à la cour de Paris ; Rozy ; Bonfils, doyen en 1879.

Sont passés à la Faculté de droit de Paris :

MM. RATAUD, Gabriel DEMANTE, BATBIE, VERNET, BEUDANT, CHAMBELLAN CASSIN.

Sont arrivés aux grandes charges de l'État :

MM. BATBIE, député du Gers en 1870, sénateur du Gers, ministre de l'instruction publique en 1873.

HUMBERT, député, 1871 ; sénateur inamovible ; vice-président du Sénat ; procureur général à la Cour des comptes, 1877 ; ministre de la justice, 1882 ; premier Président à la Cour des comptes, 1890.

POUBELLE, préfet de la Charente, 1871 ; de l'Isère, 1872 ; de la Corse, démissionnaire, 1873 ; du Doubs, 1878 ; des Bouches-du-Rhône, 1879 ; de la Seine, 1883 ; ambassadeur auprès du Saint-Siège à Rome, 1896 ;

ARNAULT, député du Tarn-et-Garonne, 1885, réélu, 1889, invalidé.

CONSTANS, député de la Haute Garonne, 1876 ; sous-secrétaire d'État, 1879 ; ministre de l'Intérieur, 1880 ; envoyé extraordinaire en Chine, 1886 ; gouverneur-général de l'Indo-Chine, 1887 ; ministre de l'Intérieur, 1889 ; sénateur de la Haute-Garonne, 1889 ; ministre de l'Intérieur, 1890 ; ambassadeur à Constantinople, 1898.

En 1889, la Faculté a commencé, avec le concours des familles intéressées, à réunir, dans la salle du Conseil, la collection des portraits de ses membre décédés et celle de leurs ouvrages, en y joignant les ouvrages publiés par les membres vivants, à mesure qu'ils paraissent.

La collection des portraits se compose d'une série de gravures ou lithographies et de peintures à l'huile.

C'est d'abord un groupe de onze portraits de Cujas, extraits des diverses éditions de ses œuvres.

Ce sont ensuite les gravures, en buste, de Guillaume de Maran; de Martin de Alpiscueta, don de M. Emile Cartailhac; de l'abbé Berger; de Laromiguière, en costume de conseiller à la Cour de cassation, don de M. de Laburthe, son neveu; de M. Beudant.

Les portraits peints à l'huile représentent tous en buste et presque tous de grandeur naturelle :

Gouazé, copié sur l'original appartenant à M. Laurent, Premier Président honoraire à la Cour, son petit-fils;

Ruffat, beau portrait peint par Roques père, offert par ses enfants.

Malpel, offert par M. Oldekop, son petit-fils;

Mespliès;

Carles, offert par Mme B. Salles, sa petite-fille;

Rodière, offert par sa famille;

Laurent, offert par M. Laurent, Premier Président honoraire à la Cour d'appel, son fils;

Molinier, offert par sa famille;

Chauveau (Adolphe), offert par son fils, conseiller à la Cour d'appel de Bordeaux;

J. B. Deloume, offert par son fils;

C. Dufour, offert par ses filles, Mmes Moussu et Arnal;

Delpech, offert par son fils, archiprêtre, curé de la cathédrale;

Gustave Bressolles, offert par ses enfants;

Ginoulhiac, offert par sa famille;

Humbert, en costume de Premier Président à la Cour des comptes, offert par sa famille;

Bonfils, offert par son frère, M. Alphonse Bonfils, notaire à Montpellier;

Arnault, offert par sa famille;

Le tableau du personnel des professeurs, depuis le treizième siècle, porte la photographie d'un portrait de Cujas, attribué à Clouet dit Janet qui se trouve au cabinet des Premiers Présidents de la Cour d'appel et dont nous avons parlé plus haut.

*
* *

Les œuvres des membres de la Faculté remontant à Cujàs et à Maran s'augmentent sans cesse des travaux publiés par les membres actuels de la Faculté et occupent deux bibliothèques.

Une troisième bibliothèque contient la collection des thèses de doctorat soutenues depuis 1810 jusqu'à ce jour.

*
* *

Nous donnons, enfin, le nombre des élèves inscrits à la Faculté pendant les trois dernières années scolaires.

	1896-97	1897-98	1898-99
Nombre des élèves en cours d'étude.	1.028	1.007	981
Thèses de doctorat.	16	32	41
Licence.	87	82	97
Capacité	32	24	21

Il résulte de tous ces chiffres que la Faculté de Toulouse occupe le premier rang, après Paris, au point de vue du nombre des élèves et des grades qui leur sont annuellement conférés.

On retrouve encore, en voyageant, dans tous les grands centres scientifiques de l'Europe, les traces de la puissante existence juridique de notre antique Université Toulousaine.

CHAPITRE CINQUIÈME

Le temps présent et l'avenir.

Toutes les grandes nations sentent, aujourd'hui, qu'elles doivent, sous peine de mourir, développer en elles la vie scientifique, intellectuelle et morale qui assure leur progrès et leur dignité, mais qui est, de plus, absolument nécessaire à leur sécurité et à leur existence elle-même. Elles doivent ranimer leurs forces par le respect de leur passé, par l'amour de leurs traditions nationales, religieuses, patriotiques, non seulement pour avancer, mais même simplement pour opposer une résistance efficace aux ambitions, aux convoitises des peuples, des gouvernements et des associations redoutables que des passions de toute nature surexcitent partout.

C'est dans ce sentiment qu'elles doivent former l'âme des générations qui se préparent. Et cela est vrai de la France surtout, qui ne doit sa grandeur, ni à ses richesses, ni à l'étendue de son territoire, mais uniquement à l'élévation de son esprit national et à l'énergie traditionnelle, toujours renaissante, des passions les plus généreuses.

Or, les grandes Universités de l'État, ou d'initiative privée de l'ancien monde, comme les richissimes institutions que le monde nouveau tente de créer de toutes pièces, sont les armes de plus en plus indispensables à ce combat pour la vie.

C'est dans les grands centres d'éducation nationale, que les industries de la guerre, et de la paix, vont recourir aux secrets de la nature physique, pour en mettre à profit les incessantes et merveilleuses découvertes : c'est là que la nation doit préparer son avenir, par l'accroissement raisonné de toutes ses énergies.

* * *

Les Facultés de Droit étendent tous les jours leur action, dans cette œuvre qui doit être commune à tous, parce qu'elle touche directement aux intérêts de tous, dans tous les pays, mais plus étroitement encore dans le nôtre.

Et cette extension des études vers les sciences économiques, financières, politiques, sociales, devra développer leur influence directe, dans ce sens d'utilité pratique.

Mais il ne faut pas que leur mission essentielle ait à en souffrir, et c'est en songeant à ce qu'elles doivent représenter dans l'ensemble du travail national, que nous indiquerons, comme conclusion de cette étude du passé, quelques observations dictées par une expérience attentive de nos moyens d'action.

* * *

Ce qu'il faut avant tout, c'est animer l'esprit de travail et le goût pour l'œuvre à accomplir, dans un milieu où le public croit que rien n'est encore fait, à cet égard. Le public se trompe, mais en partie seulement.

Pour les maîtres, le concours au début de la carrière

est l'inébranlable garantie du respect qu'inspire leur savoir déjà éprouvé, la loyauté de leur désignation, cette indépendance de l'esprit qui en résulte et sans laquelle il n'y aurait pour eux ni considération ni autorité.

Or, une élite de jeunes gens dignes de tous les éloges et de toutes les sympathies, bien plus nombreuse qu'on ne le croit, suit les exemples de travail donnés par les maîtres. Mais il faut obtenir bien plus et on le peut.

Nous avons annoncé plus haut un moyen infaillible de porter, d'eux mêmes, les étudiants au travail. Nous ne craignons pas de répéter le mot, quelque gros qu'il puisse paraître et nous indiquons immédiatement le procédé équitable et non moins opportun que nous avons en vue.

Il suffirait d'accorder la réduction du service militaire de trois ans à une fraction de nos licenciés, la moitié, par exemple, en prenant ceux qu'indiquerait comme les plus méritants, la moyenne de tous leurs examens. La hausse du travail et des épreuves serait, nous l'affirmons, aussi soudaine qu'assurée.

Ce procédé donnerait, en partie, satisfaction aux réclamations portant sur l'inégalité faite au profit des autres licences, mais surtout, il pousserait au travail, en désignant ceux qui méritent le plus de n'en être pas trop détournés.

Et ceci n'implique aucun sentiment fâcheux chez notre jeunesse. Le séjour à la caserne, quelque nécessaire qu'il puisse être, ne doit pas être confondu avec l'exercice de la guerre elle-même, et l'exemption désirée n'implique, de la part de ceux qui la recherchent, ni l'absence de courage militaire ni celle du patriotisme le plus ardent.

L'exemption n'est donc pas une récompense, mais plutôt un service rendu à ceux dont le travail peut être le plus utile à eux-mêmes et à la patrie. par tous les moyens.

Les résultats des examens seraient, à cet égard, une base certaine d'appréciation de l'aptitude, de la constance au travail de chaque étudiant et de son mérite.

La pratique de ce système de sélection peut être absolument simplifiée ou plutôt précisée, en substituant, pour les épreuves, aux boules de diverses couleurs, des chiffres pour chaque note, comme dans d'autres Facultés. On n'aurait ensuite qu'à totaliser les chiffres obtenus par chacun, dans tous les examens de licence, pour constituer le classement des licenciés à exempter.

Ce qui serait infaillible, nous le disons encore à dessein, c'est le relèvement des examens devenant par le fait même, un concours de trois années, dont les épreuves commenceraient au seuil de la Faculté, avec un résultat considérable à la fin.

Assurément, les familles exciteraient le zèle de leurs enfants vers ce but, au lieu de le ralentir, comme elles le font trop souvent, en les gardant auprès d'elles.

L'animation écolière d'antan se réveillerait peut-être à nouveau ; mais rien n'est pire que l'atonie encore trop étendue, que nous devons combattre comme le plus dangereux des maux, dans notre siècle de travail.

On entend dire souvent que les examens de Droit ne sont rien, on ne tarderait pas à changer de langage.

Nous livrons ces idées aux réflexions de qui de droit.

*
* *

Après la création d'une force motrice nouvelle, nous sera t-il permis d'ajouter encore deux observations seulement sur l'œuvre elle-même.

Il nous paraîtrait opportun, en premier lieu, de renforcer les études du Droit civil, pour les étudiants qui les abandonnent après la licence, en ajoutant une épreuve sur les matières essentielles de ce Droit, aux examens des doctorats non proprement juridiques.

La famille et la propriété sont le principe et la base de toute organisation sociale, de même que le droit des obligations contractuelles ou délictuelles régit toutes les relations humaines, entre les peuples comme entre les particuliers, dans la politique et dans la diplomatie, aussi bien que dans la vie privée. Partout se retrouvent et les mêmes principes et le même langage du Droit originaire, du Droit civil : en finance, en économie politique et dans toutes les sciences sociales.

La mesure serait, à la vérité, moins urgente si les études de licence étaient relevées comme nous voudrions pouvoir l'espérer.

Nous nous bornons à cette observation très importante, moralement et scientifiquement, sans entrer dans les détails de la mise en pratique facile à régler.

*
* *

Nous ferons de même pour une innovation qui paraîtra peut être étrange, au premier abord, à ceux du moins, qui ne connaissent pas l'histoire de l'enseignement du Droit dans notre pays.

C'est la participation des membres de l'enseignement du Droit à l'administration de la justice, dans les diverses juridictions du siège de leur Faculté, à tour de rôle, avec voix délibérative ou même simplement consultative. Cette adjonction du personnel enseignant à l'ordre judiciaire devrait être très discrète et très ordonnée, sous le contrôle actif du Gouvernement.

De même, en effet, que la jurisprudence et la doctrine se prêtent un constant et mutuel appui, de même l'application des lois et l'enseignement du Droit devraient marcher ensemble, dans un contact incessant et forcé.

Ce procédé que nous avons vu pratiqué dans l'ancienne Société française et qui est admis dans certains pays étrangers, a trouvé un exemple, même chez nous, dans la personne de deux jurisconsultes qui ont honoré la science moderne. MM. Aubry et Rau furent tous les deux longtemps juges suppléants au Tribunal de Strasbourg, en même temps que professeurs à la Faculté regrettée.

Nous ne voudrions pas aller jusque-là, pour ne pas surcharger à vie, les mêmes hommes, par le cumul de deux grandes fonctions. Il faut être moins exigeant.

L'ancien Droit avait établi ce rapprochement, surtout pour faire bénéficier la magistrature de la science acquise par les travailleurs de l'école ; à notre humble avis, ce serait au moins autant, au profit de ces travailleurs eux-mêmes et par suite de ceux à qui ils doivent enseigner.

Le Droit est une science pratique que l'éducateur a dû voir fonctionner sous ses yeux, pour pouvoir la bien faire connaître aux autres

C'est là une pensée de progrès, dont l'ancien régime nous avait donné l'exemple et qu'il faut reconstituer.

Au surplus, la pensée est des plus modernes, car nous apporterions à l'étude du Droit, les bienfaits de cette méthode expérimentale aujourd'hui dominante partout, et qui a contribué à développer si merveilleusement, les puissances scientifiques de notre siècle.

Si chaque professeur étant ainsi appelé une fois ou deux ou même plus souvent, durant une année, dans sa carrière, à contrôler ses idées au contact des événements et des hommes, il épurerait, pour ainsi dire, ou fortifierait ce que le travail solitaire lui a fait acquérir. Peut-être pourrait-il rendre des services à son tour.

L'exercice du barreau était autrefois fréquemment cumulé avec les travaux de l'enseignement ; mais cet usage tend à disparaître, il avait des dangers d'entraînement auxquels la magistrature n'expose guère.

Ce n'est ni le lieu ni le moment de présenter ici d'autres *desiderata* d'intérêt plus individuel, sur le mode de classement des professeurs, par exemple.

Il faut bien dire cependant que l'élévation du recrutement de la fonction dépend de la considération qui y est attachée. On peut voir ce qui se passe, à cet égard, dans les autres États.

Nous terminons cette étude en formulant un vœu d'ordre plus général.

*
* *

Il est des œuvres que l'on ne peut accomplir en un jour. En instituant les Universités nouvelles, il fallait compter le temps comme l'un des facteurs nécessaires, dans le domaine des faits, et, plus encore, dans celui des esprits et des bonnes volontés.

Et, pourtant, rapprocher des hommes voués à des travaux d'ordre supérieur pour qu'ils s'entr'aident dans leurs labeurs respectifs, n'est-ce pas une œuvre scientifique et morale tellement naturelle qu'elle semblerait devoir s'accomplir d'elle-même.

Il n'en est certes pas toujours ainsi. Le goût de la solitude et du silence, d'une part, et d'autre part l'estime trop exclusive de chacun pour sa spécialité, ne s'imposent que trop souvent aux plus nobles efforts du travail individuel.

Là où la coopération serait fructueuse et facile, où les relations même passagères et mondaines, si utiles à la simplification des recherches et au progrès commun s'offrent sans cesse d'elles mêmes, on s'isole et l'on perd ainsi le bienfait de la plus féconde des solidarités : celle du travail.

Les associations scientifiques libres, les académies provinciales combattent efficacement ce mal, sur certains points. Il faut encourager ces initiatives précieuses, même lorsqu'elles restent sans grand éclat. Et c'est très grand dommage que les départements et les communes délaissent et affectent presque de dédaigner ces collaborations spontanées, que les congrès annuels des sociétés savantes mettront de plus en plus en relief.

Les Universités régionales sont faites pour réaliser plus largement ce progrès indispensable, à notre époque de travail et de lutte universelle pour la vie

Les milliardaires du nouveau monde sentent bien toute la portée de ces entreprises et ils s'y efforcent, avec une étonnante ardeur et à coups redoublés, en dotant les Universités qui portent leurs noms de revenus dont l'opulence nous déconcerte. Ce sont des utilitaires et ce n'est pas par le simple amour de la gloire.

Mais si l'État seul peut, chez nous en fait, disposer de semblables ressources, on peut dire qu'il a de plus à son service, d'inestimables trésors dont les milliardaires eux mêmes ne pourraient disposer et qui sont l'œuvre patiente de notre civilisation vingt fois séculaires.

Ressources matérielles d'abord, ressources intellec- tuelles et morales ensuite, qu'il faut réunir, solida- riser, pour leur donner toute leur puissance et tout leur éclat.

Les premières reposent silencieusement dans nos archives locales, dans nos bibliothèques publiques qui joignent, aux œuvres du travail journalier, les docu- ments oubliés, que chaque jour révèle à nos yeux surpris.

L'entretien, la publication des catalogues raisonnés, la facilité des prêts ou des échanges entre bibliothè- ques provinciales, et surtout avec celles de Paris, assu- rent la fertile exploitation de cette fortune matérielle. C'est un très grand progrès dont le Droit et les scien- ces sociales savent déjà largement bénéficier.

Mais bien plus inestimables encore sont les ressour- ces intellectuelles et morales dont notre pays de France s'est enrichi par le temps et les mœurs.

Il est, dans les sphères élevées de l'enseignement public, dont nous parlons ici, des traditions du travail actif, fécond, autant que modeste et désintéressé, que l'on ne saurait ni créer tout d'un coup, ni acquérir à prix d'or.

C'est là que le groupement organisé par les Univer- sités régionales peut opérer les rapprochements bien- faisants et assurer le progrès de tous, par le relèvement de la vie commune et la solidarité des efforts de cha- cun.

Et cette heureuse influence se manifeste déjà dans les Facultés de Droit, par l'extension de notre domaine intellectuel, par la multiplication des enseignements et par les études spéciales qu'ils provoquent pour le bien général.

Le caractère des études purement exégétiques ou

professionnelles se transforme, et sans perdre la précision rigoureuse qui leur est nécessaire, elles s'échauffent et s'éclairent d'éléments philosophiques, historiques, littéraires, scientifiques, au contact et à l'exemple des enseignements voisins qui se rapprochent.

Les cours libres qui viennent spontanément s'ajouter aux programmes obligatoires, marquent ce progrès, que fait ressortir, peut être plus encore, le caractère élevé des ouvrages nouveaux, s'inspirant à l'envi de toutes les sciences relatives à la personne humaine, à ses lois de tout ordre, à son passé et à son avenir.

Ces nobles études grandiront au souffle bienfaisant d'une liberté intellectuelle et morale indispensable à leur essor généreux, à leur dignité et par suite à leur existence elle-même.

Tel est l'idéal de l'enseignement supérieur d'où qu'il vienne : « grouper comme on l'a très bien dit, la jeunesse dans de larges foyers de science et d'esprit national, et l'y élever librement dans le culte de la vérité et de la patrie ». Voilà ce que doit préparer aujourd'hui pour demain.

TABLE DES MATIÈRES

Toulouse — Imp. Lagarde et Sebille, rue Romiguières, 2.

www.ingramcontent.com/pod-product-compliance
Ingram Content Group UK Ltd.
Pitfield, Milton Keynes, MK11 3LW, UK
UKHW021120220726
13924UKWH00004B/1821

9 782019 950989